未來世界

周慶華著

文史哲出版社印行

國家圖書館出版品預行編目資料

未來世界 / 周慶華著. -- 初版. -- 臺北市：文史哲,民 91

面； 公分.--(文史哲詩叢;48)

ISBN 957-549-412-1 (平裝)

1.

851.486 91001704

文史哲詩叢

未來世界

著 者：周 慶 華

出版者：文 史 哲 出 版 社

http://www.lapen.com.tw

登記證字號：行政院新聞局版臺業字五三三七號

發行人：彭 正 雄

發行所：文 史 哲 出 版 社

印刷者：文 史 哲 出 版 社

臺北市羅斯福路一段七十二巷四號

郵政劃撥帳號：一六一八〇一七五

電話 886-2-23511028・傳真 886-2-23965656

實價新臺幣 二四〇元

中華民國九十一年(2002)二月初版

ISBN 957-549-412-1

未來世界 目次

序

沒想到這本詩集會跟自己開設的「臺灣文學」課有關聯。「臺灣文學」課已經開過五次了，但都不像今年這一次這樣有強烈的衝動要寫些「相關」的作品。學期初，我就跟來修課的幾位朋友相約，他們一邊聽課一邊寫作，而我也陪著寫。一個學期下來，他們從寫實性的作品到現代性的作品到後現代性的作品，總共寫了十幾篇，而我不能連散文、小說也陪著寫，就專寫詩吧！不意居然也湊出了一些來，就是現在集子裏的這一百首作品。

在課程結束前，我還是依照慣例，建議他們合印一本作品集；同時再一次約定，我為他們的合集寫序，他們為我的詩集寫評論。我偷懶，僅寫一首短詩湊數：

序／不

呼喚一個還在孵育的臺灣
我們都窮盡心力了
歐美的旋風仍然強勁的
鼓盪著海峽的水

幾時我們才能撥開七彩的泡沫
看到蔚藍的天空

前現代的鼓手退隱了
現代的伶人剛要登場
卻又遇見後現代的嘈雜聲
此地都在散發著
不屬於自己的氣味

如果纏綿的抒情有古今的區別
迤邐的敘事也要分判中外
我們的前路就不該讓浮塵遮蔽
不然就遁入網路的空間
享受著沒有明天的幸福
看誰願意

他們卻很「盡責」的批閱原稿，並結合「臺灣文學」課，而遞出了附錄那些有大家氣派的文章。當中可能有點難為他們要擠出一些「讚美」的詞句（他們也都知道周某不喜歡邀譽），但我相信那是他們真情的流露，所以也就「隨他們去說」了。

還記得有一次我們去電腦教室看「網路文學」，回來討論時，突然冒出一個不相干的問題：誰看起來比較有人性？他們都說是他們自己。我說是我。理由是他們常面對電腦，臉都快要像電腦那樣冰冷而光滑了；而我不碰電腦，所以臉上還保有一些凡是人都應有的「皺紋」。話才剛說完，怡妘噗哧一笑，補了一句：「你比較有獸性！」這是什麼跟什麼啊！大家都亂了套啦！怎麼逕談些跟「網路文學」沒有關係的東西？

「為什麼說我比較有獸性？」我緊追著問。

「我們都還很單純，」怡妘不慌不忙的說，「你卻常講一些大人的……黃色笑話給我們聽！」

原來獸性是這樣跑出來的。而我真的也忘了他們「還小」，不該「那樣」逼迫他們長大。可是文學作品中有「跑馬」、「洗衣服」、「吃自助餐」等詞語（都是男性自慰的代稱），我不講「典故」出處，他們又怎能了解文意？看來我要陷於兩難困境了。

其實，我一直惦記著他們：少坐在電腦桌前，最好多去接近大自然，召喚逐漸逝去的對萬物的敏銳「感應」。於是在近期末時策劃了一次「到海邊談海」的活動：他們都帶了自己的作品來，朗誦給大家聽，也朗誦給海聽。每一首詩背後都有一個故事，也摻雜著對海的錯綜複雜的感情。我原也有一首〈高空看海〉的詩，那是另一種體驗。如果不是跟當時他們的抒情味甚濃的詩作不搭調，還想獻醜一下呢！現在只好把它陳列在這裏：

穿過稀疏灰白的霧
我看到了它貪婪的睡姿
從一個天際綿亙到另一個天際
沒有風的驚擾
鷗鳥的銀翼也搧不動那靜止的鼾聲
只剩點點泛光的浮漚
宣告著它將會繼續霸佔這個星球
我收起笑容
向它禮敬
知道世上還有一個偶像沒被發現

至於構想中要去爬山，一起穿梭於羊腸小徑，浸淫在山色林氣中，期待不經意來個現場的吟詩作對，因為大家都忙碌而作罷了。

另外有一件蠻特別的事，也值得提一下：一天午後，從臺北搭飛機回來，腦袋還有點昏沉。才剛進學校，遠遠就聽到修我「宗教與文明」共選課的龐嘉貞宏亮的招呼聲，告訴我傍晚他們音教系將有一場「臺灣四季」的演奏會。我走過去教學大樓前庭，看到謝元富教授正在指揮他們彩排，當下就決定要留下來聆聽他們的演奏。果然音樂會一開場，立刻就吸引了許多人前來欣賞。散會後，我寫了一首閩南語詩來紀念這一場天籟好音：

癡迷的人甲造化的樂

——聽臺東師院音教系絃樂演奏會有感

一句特大腹的招呼聲
將我按迷夢中打醒
趕緊走過來看嘜
才知今晚有一桌澎湃的音樂大餐
紳士人用曼妙的指揮棒
引出了給人精神起舞的絃樂曲
連樹仔頂的蟬隻嘛會曉加減鬥鬧熱
由半場開始哼甲散場

這邊水姑娘認真耶落去
有時四季紅有時西北雨直直落
翻過來是月夜愁兼雨中鳥
臺灣的春夏秋冬在伊的巧手中變化多端
兩聲安可後擱強要滾幾粒仔肉粽出來
不要甲伊一陣人說惜別
因為這不是港邊

隔天我把它帶到課堂上朗誦，包括嘉貞在內有好幾位都露出「驚異」的表情。他們隨即向我要了一份，帶回去貼在公布欄上。沒想到這件事還有迴響，一起修「宗教與文明」課的語教系的余佳玲在期末報告中附了這麼一段話：「老師的閩南語詩寫得真的是不錯，尤其是針對『臺灣四季』音樂會的那一篇，可謂是『一字千金』，稍微修改其中任何一個字或增減其中的一個字都會破壞了文章已有的優美典雅的美感。說到我為何會對這首閩南語詩情有獨鍾的原因，我想大概是因為我也和老師一樣全程參與了那場室外音樂會，在東師校園中，一場天籟之音；一場把觀眾都帶回時光過往的美妙音樂會！音樂會的當天，天空飄著濛濛細雨，記得那天老師所站的位置正好在我的正對面，隔著『音樂人』的空間，我可以很清楚的看到老師認真專注的被音樂旋律所吸引住，完全與世隔絕的融入了『西北雨』的饗宴中，也難怪老師能經由高超的文字技巧勾勒出那天的種種情境，完全詮釋出當天的盛況；起句寫得很特別，有『天外飛來一筆』的情感流露，其中我最喜歡的是形容指揮謝元富老師為『紳士人』的那一句，這得用閩南語來唸才能讀出其中蘊含的韻味：『新訴玲』（作者自註：自己音譯的啦），詩的最後把音樂會的歌曲曲目做了很巧妙的變化，更是令我吃驚於老師的寫作能力！或許是音樂會後我也有一份報告要繳交，但總是無法把自己在音樂會上體驗的『扣人心弦』、『感人肺腑』的情感流動完全捕捉到文字中，用生動的語言來呈現，所以品味起老師的作品，心中的感受才會比一般人來的更多更濃稠許多（作者附註：這是課堂額外的東西，只是想跟老師分享而已）」。這也算是額外的收穫了。

寫詩，我已經少了一份「激情」，也不太在意要傳達什麼特定的信息；只是一有靈感，就想把它處理安置一下，一旦時過境遷可就不復記憶當時寫作的情境了。我曾經為了教學的需要，試著擬出一份可以作為寫詩和評詩依循的藍圖：它包括「意象的安置和韻律的經營」的普遍律，以及在高標上得有「奇情」或「深情」的蘊含和在低標上陌生化語言（用反義語或矛盾語）或變化形式（以便有可讓人玩味的餘地）；而如果可能的話，兼容並蓄這種種成分，那一定最稱「圓滿」了。而這可以用一個簡圖來表示：

整體呈現

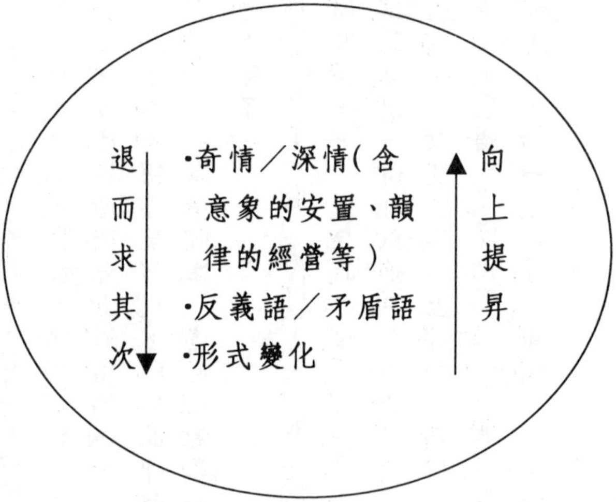

回看自己的作品，似乎都有要在某些層面上「躍躍欲試」的衝動；但依然有點「眼高手低」的感覺。這從《蕪情》、《七行詩》出版以來就存在的遺憾，到今天還是沒有消失；只能說「再接再勵」了。

書名《未來世界》，是取其中一首詩的篇題充數的。由於裏頭有不少對未來世界的「預期」（不像《七行詩》多在緬懷過去），以它為書名總該能提供讀者一點「聯想翩翩」的空間吧！至於內文共分十卷，不別為取卷名以及各卷的筆法和內涵略有差異，那就恕我不能多說了；因為我也忘了當初是怎麼構想的！

今年除了作品的「產量」多了一點，還有經歷也很特別；也就是修我課的一些大學部和進修部的朋友，不約而同的在提出對周某的「整體」的觀感。如大學部語教系的范育銘在「思維與寫作」課中寫了一首「讚美」性的詩：

奇異果

你是一顆奇異果
黑不拉機
醜不嚨咚
不但表皮粗糙
全身還長滿了濃密的黑毛
卻像被人捉弄似的
放在一盒過期的蛋架上

但你很清楚
你比那旁邊過期的傢伙
營養千倍
好吃萬倍
旁邊過期的傢伙
外表潔白如玉
內心卻腐臭如死屍
你清楚的了解這點
可惜　現代人
吃廉價蛋炒飯的人多
而吃營養但不起眼的奇異果的人
卻是少之又少了

（作者附註：對周慶華老師的一點小小的看法，覺得他有一點懷才不遇的感覺。課堂上說的教學內容很有深度，但很少人認真上課；覺得他待在東師，才華有點被埋沒了。）

來加修「思維與寫作」課的初教系的李韶儀也有一段評論：「老師常常給我連走路都在思

考的感覺，雖說生活要嚴謹，不過也不用這麼嚴肅吧！我很少看到老師笑唷！生活輕鬆一點吧！一直處於思考狀態不累喔？雖然老師常常一副酷樣，不過我知道老師其實是很熱情的人，不過看不出來罷了！用『熱情』這個字眼怪怪的，應該說悶騷吧！對於自己的方向掌握的很好，也知道自己在做一些什麼事情，所以對老師的形容應該這麼說：『一個跳動頻率超快速的靈魂，不得已被困在一具機動性不高的軀殼中。』」

相對於前者，進修部修我「倫理學」課的這些飽經世事的朋友，又別有一番觀察，紛紛勸我「開朗一點，多一些笑容，少一些憂愁」（李素卿語）或希望我「痛苦可降到最低的程度」（朱淑慧語）、「越活越順遂」（黃繡娟語）！當然也有「人生海海，瀟灑過；舞臺上，戲臺下，扮演自如」（陸麗雅語）、「老師用字遣詞精確傳神，有大師風範」（蔡振明語）、「兩腳踏翻塵世路，一肩擔盡古今愁」（洪婉甄語）等等我看了都會臉紅兼承受不起的讚語。

似乎除了我自己，他們都很了解我，結果就出現了這種「多重人格」的周某的有趣畫面。把它記下來，即使不能「填補」什麼，也足以作為茶餘飯後的談助。總覺得和這群朋友相處，談得投機，是來東師後比較稱意的一件事。所以他們有什麼「美言」或「諍語」，我就照單全收了。

周慶華 二〇〇一年夏於東師語教系

卷一

楔子

栓不住一顆被壓扁的心閑時極靜的躍動

無題

如果花果會飄零就不必賒欠生命一次的代價
風雨掃過前階最後跌落的是沒有標籤的臉譜

偷窺者

我是在看你的未經裝飾的虛偽的身體
背後的強光快要冷卻今生半片的熱情
你還在縫隙對她傾吐昨夜忘記撈起的夢絮

潛影

最後脫離鐵軌的列車駛向
日出黑暗的地方停放
許久趕不出來的人潮都回到
巢穴沉睡

獵名計劃

捧著舞臺鎂光燈的賞賜
掌聲就會從窗口浮飄進來
不必等待熒星一點上升
突出滿天的黑暗以後
再去看人散場

守衛

沒有一張王牌對得起自己的
的確有個牌王要留到最後使用
用過了王牌就等著豎白旗投降
降龍無悔牌王終究還有一點生機
機會走失王牌會再搶救回來
來看牌王今天酒醒了沒有

戀七情結

想妻
要有處可棲
不會如膠似漆
就得忍受無邊慘悽
天涯芳草萋萋
愚人可欺
對戚

等待

燕子剪不斷風的缺口
明天還有一點沒有顏色的塗料
將要給她做嫁紗
誰說起的故事多了幾個文字的情節
蒼白得只剩一枚紅色的短箋
寄不出去燕子截住擔心不能簽收
嫁紗披上沒有顏色的塗料
她要下榻

找一顆最亮的星星

枯坐了一個下午
只爲等候已經出現的一顆星星
它散放的亮光剛剛燒過南邊的草原
兩陣風幫它澆熄又再度冒起
接替夜的來臨夕陽就告退了
沒有歡呼聲給另一顆發不出光的星星
月牙終於啣著它出場
我還在凝望那些飛騰的火苗
最後被告知它們正從我的頭上冉冉升空

迴向

溺斃的人救起沒有溺斃的人
跑路費給紳士不給賭徒
劈開石頭當家居住
還未消火的狗強迫牠去修鍊
出閣的女子接她回來主持生計
戰爭不用開打性命已經賠上
最好的慶祝儀式是呼天搶地
城堡的頂端別讓天使瓜分霸佔
留一絲空氣給蚯蚓
鳥也要餵食

卷二

戍營

閑閑的釣起一盤月亮
風要走出去安睡
徹夜只看到
幾道
槍
聲

街頭藝人

留住最大一粒汗
給先前豔羨的目光
沒有會賞錢的大爺走過這裡
彈奏就快要變調

鄰攤賣膏藥的盲劍客
正在吵啞的吆喝自己
等我唱出新曲後
再看還有什麼可以施捨
現在遠處傳來的哆聲
卻讓我忘詞

換個地方
吉他會說不
我不會

過河

飛啊
或划船
他們紛紛議論
一隻蜻蜓
已經游到了
對岸

南瓜的生日

從開花的那天起
主人就把肥料分送給隔壁的土地
我包裹自己的希望
直到醞釀出
金黃的
重
量

今天不是要慶祝新生
是要忘掉活過

半世情

對面窗口
她站著
剛好一尊雕像的時間
把敷好的臉
捧下樓
還要等到明天
繼續吹夢
等她

今生

陣痛
撐不住
時間的壓力
垮掉變成
流浪的
狗
換來滿身的
勞累

頹廢一下

放著沒有完成的功課
他要去遊蕩
穿過一道口口相連的牆
就分辨不出自己是否逃到了聲浪外
聽說那邊的豔舞正要開跳
這邊已經有自衛隊在集結
他們也要以裸奔試探今年的風尚
還走不到路的盡頭
不能回看
會發現自己

砂城的風

算不準趕集的人潮
會在那裡接下這分邀請
南海最大的一次饗宴

從屋子轉身出來的佳客
不要再躲進避不了熱情的巷道
快點聽最後一個句號
我要停下來
喘氣

享福

買把彎彎的刀
細細切開綁在心上的繩
跳進河裡洗一個乾淨的澡
回家將門關上
自瀆

連莊

剛剛抖落半生的寂寞
病痛當下就歡呼勝利進駐
最後還看到一隻頹敗夾尾的狗

卷二

圖書館風暴

寂靜中跳出一串帶血的音符
我要當飯桶——

蜂鳥

佔住鳥的位置像蜂
出了風口變鳥
風在鳥裏不會飛

池塘的魚

不能沉睡
明天的太陽還沒有起來

菩提樹下

走過的人
都在回頭　學
他站著趺坐
一隻狗緩緩靠近

楓橋

一片楓葉
背後
都有一座死橋的故事

邂逅

兩百年的許諾
等到一顆彗星飢渴的離別

海上日出

湧出紅色的海浪後
他要退出
江湖

梔子花

遙想瑤臺上的英姿
只是一陣限期的濃香

想家

忘記旋轉的輪子
總是想回到它的馬路
吹不動的風
慢慢都要沿著記憶爬行

出草

割了吧
後天的隊伍裏會減少一個嗜血的殺手

卷四

石縫上

小小的圓孔
足夠覆蓋陽光的細影
許久以後
一棵小草探出頭來　說
裏面還有藤蔓正在拒絕呼吸

告別情場

就要演一齣滾火雕冰的戲
晚風在入口站崗
最後一顆流星已經提早登高去上妝
觀賞的人潮請裸體走出來
他們倒抽眼淚的儀式中
不能沒有清涼帶腥渾成的布景

醬

從這樣被無情壓縮的那一刻起
娃兒的哭聲就不能這樣驚人
夜晚也無須有這樣的月色
在天空的飛行物都要嚐嚐這樣黎明冰雪的滋味
還有下回你得記住說出的醬子的話

車龍

房子挨著車子
車子推著房子
它們盡情的吐納和嘲弄
約定繼續度過下個繽紛的世紀
忘了還欠兩輛學步的單車
一起來穿梭拼湊一條沒有接好的龍

新河殤

巨艦的殘骸還不在打撈的名單裏
那邊的魚肚白已經搶先堆好了一座座漂動的墳塋
沒有痴心少女等待唱晚的漁歌
夕陽只好從碎屑浮屍中去蒐尋昔日的面貌
漫長的等待換來一條河黯淡的光影
歷史是否還有空隙我們要改寫

頹廢一天

要等的女人沒有出現
男人拎起皮包悠閑地走了
一隻剛結紮的狗正在玩弄夕陽的尾巴
遠遠就錯過站的公車還不記得向人招手
想著走失餐館的飯桌是否準備好了豐盛的晚餐

未來世界

肯基伍羅還來不及寫到閉幕
舞臺上一條狗就慢慢地走過去了
觀衆哭成一團後不知道要作鳥獸散
那邊的燈光亮起照出幾撮黑影
又有一條狗慢慢地走過來了

【附】義大利未來主義者肯基伍羅有一齣戲劇，只有一句話：「舞臺上一條狗慢慢地走過去，閉幕。」

結局

地球上最後一個人
獨自坐在房間裏
等待夕陽再度的升起
徘徊不去的煙霧
繼續它們微弱的吶喊
突然傳來一陣敲門聲

【附】美國著名小說家布朗，曾寫過一部只有兩句話的科幻小說：「地球上的最後一個人獨自坐在房間裏，這時突然傳來敲門聲。」

午後

不行站著睡覺
太陽會掉下來跌碎
一個還沒有成形的夢
鳥飛過去
被風　撕裂
只剩半片無輩的叫聲

野人家

茅棚吹落屋頂上的風
沒有英雄來過
星星數不出浸膚的溫度
都留給剛醒的人嚮往
一支椿

卷五

卷五

遷徙

床離開長眠
花才吐蕊
報信的馬車帶來
昨日的地圖
攤出血
關口狐飛
飄下幾粒人頭

頭等艙

告別眞俗凡聖的表皮質
我們在同一條時光機裏冷漠的相對

探險正在開始
前面的路途還有霜雪覆蓋
誰能許下半天的承諾
不要翻看未來的身世

後面走出一對情侶
聲稱他們已經穿越過去

還願

米做的一隻龜
蹲伏在千載不變的神桌上

衆神尚饗
野鴨不再聒噪
嬰兒沒有了啼哭
生病的人可以下床
錢財一次滾進

明年此刻還有更大的龜
會從蹲伏的神桌上走回家

運行東南

這次要相信誰
早就做好了調查
沒有紀錄寫在星月出沒的地方
只見一條遺落在迤邐的東海岸上的線
牽動著兩端日夜不眠不休的心

幾陣風雨過後
是否要忘記掙扎

【附】年前無意中瞧見幼時父母帶去給人相命的命狀。相命師的評語中有「運行東南」一語，看罷不覺莞爾！原有的「淪落邊疆」的感慨，剎時減輕不少。

孤獨

流放在自鑄行星的荒原上
我們享受到了沒有神的悲苦

光明將於一瞬間隱沒
被疏離的人群都會回到臺前
宣示下次缺少保障的喜樂的支付
靈魂要拒絕勝利

拋棄我們
痛楚得到自由

大俠

下輩子的膽量
就在這一刻一起迸發

有仇的儘管報仇
腦袋在去年已經換過了
其餘都懸掛在天山的出口
你不能逃避這場追風的決鬥
他的劍不蘸弱者的血

勝負還沒有揭曉
圍觀的人潮正在散去

影子的話

追隨的快慰不會變質
只缺塵世的榮華
樹兒頹敗的時候
會掉下青春
繼續風化

命定這一生
僅能有一種選擇

哀悼勝利者

鍛鍊一把不能傷心的劍
咄咄劈向虛空

這是落敗者提供的儀式
連帶一場血祭
不許撤退
後面沒有堡壘

行走江湖
劍鞘上還得刻著敵人的名字

血債

今生欠下的
來生總是要還
如果怨隙可以協商
老天也不會以雨水當淚
快點了結
地獄的門就要闔上
別催
有人還要墮落一次

血還

自己以爲還夠了
其實算算一點也沒有
雙方當眞發誓要拼鬥
那就借你一把刀
閹了他們
明天別再醒來
劊子手正在四處找人

卷六

卷六

跑龍套

說好的
放屁的時候
不許出聲
你還是趁機
噗噗

魔術

風吹
草不動
我要一隻金母雞
他要美女
做夢

芭蕾舞劇

美麗的天鵝
在王子的發現中
怯場

掌聲都給了
小丑的騰空旋踢
魔法師的黑影
最後消失

酒家女

說一聲恩客
就有千金酬謝

她抿著嘴
褪下僅剩的薄衫
酒乾滑落肚

屠夫

揮舞
手中的刀
砍盡前世的冤孽
然後負氣出走
不必記得
回家

至聖先師

電腦一排
滿室的燈火輝耀
先師的牌位正在流汗

答不出程式
記不得英語和太空梭
只好讓渡
兩千年至聖的頭銜

政客

最先布樁的人
先死

鈔票堆起來沒有膝蓋高
坐下來都會跌痛屁股
穩住陣腳要緊
進不了國會也還有地方議會

地球村

紅毛白毛黑毛
的猩猩
聚集

相互觀望
不說話

戀人

必須講同樣的話一百次
才算過關
等到熟悉的時候
再慢慢減量
準備分手

煮字療飢

結局
就是不行上吊
有一種藥方
配駐顏術
自己核發專利
從此要改運

卷七

卷七

再見七行

寫完一百四十九首後
牽掛著何時再補它一篇曠世的傑作
詠物那一欄說沒有空位
解禪的老手冷冷的甩袖而去
敘事英雄不歡迎別人強出風頭
答客問早就預約額滿了
魔幻後現代懷鄉續蕪情也都拒絕慢到的投訴

物痴

吊橋　摩天大樓　老鷹
金縷衣　火車　複製豬　笑
無尾熊　蛇　檳榔
美人　榴槤　蠍子　詩
蟬　搖頭族　國王企鵝
飆車族　古戰場　候鳥
電腦　鼻屎　麻將

禪悅

拈花的人不微笑
傳情只靠一分的眉目
心靈犀半點通了
無念無相無住庭前柏樹子
晝夜死裏來活裏去
要參禪也要洗缽
逢佛殺佛還棒喝一聲

古事經

走過雪地
邊緣少年剛出使
亡國的囚徒不會再回來了
兇殺案留給大人去偵破
貴妃和女俠競爭天下寶座
苦了白鷺鷥的等待
看誰第六度扒糞去塡海

問答無客

殺手的背後有刺蝟
恨人恨不到胃裡
白髮扯出中年的心事
不色空卻想基進
專長都給了阿貓阿狗
教中人不懂宗教
我喜歡沒有加味的愛情

魔幻不魔

島上的女郎　在
冷啖走路人
夸父和教授比武
遺漏了一齣荒野傳奇
野人要等沒有星星的晚上出門
溯河撞到探險者
釣起一隻帶著邪氣的梟

後／現代

再見的不是後現代
水族已經大戰了數百回合
招牌才出頭天
河邊的樹痴欽點一客非理性宅第
世界昨夜誕生今天就老邁
記憶的缺口有風乾的信
群英會被夜行者戲弄

入鄉

霸王望不穿烏江的水
石頭的原鄉很遙遠
杜甫呼喚莊子
屈原夢見李白
孔子獨自在異鄉徘徊
地球歸來
這是你唯一的家

不續蕪情

逃家來這裡發聲
守候到螞蟻搬家又回來
東臺灣散放的恐懼症
救回博士和一條狗
文學新兵在告別醫院
車展情結是虛構
舊情人不要再相聚

看詩的人可慘啦

七行補

卷八

噩夢

前輩子欠你的
一塊肉
咬吧
我在夢中依然狂吠不已

綺夢

就要就要嚐到甜頭了
突然一聲鳥叫
佳人半褪的羅衫
都被風吸盡

說夢

一隻蜻蜓飛起來
兩隻蜻蜓飛起來
三隻蜻蜓飛起來
四隻蜻蜓喝醉不飛了

紅樓殘夢

落了片白茫茫大地眞乾淨
世界從嘆息中誕生
食盡鳥投林
只聽到幾陣哭聲

帝王夢

不要財富
不要美女
不要呼風喚雨
多一口久久新鮮的氣就好了

黃粱二夢

呂翁不再授枕
前途茫茫
一隻孤雁飛過去了
驚起沈睡的夸父

蝴蝶夢

彩麗當前
是蛻變一生的代價
莊周不必嫌棄
蝴蝶也有做夢的權利

凡夫夢

財富多多
美女滿抱
童僕環侍聽遣
了這心願當下斷氣也無妨

夢夢

做夢的人不承認做夢
還沒有做夢的人偏偏夢到做夢
我的夢中有夢
前世今生來世來來世

遺夢

忘記撿起掉在池塘的一塊銀幣
天上謫仙就飄然遠去了
年年都有驚呼和哀嘆從波光中浮出
希望拄杖的老爺帶來美艷的少女

卷九

舞影不

——看臺東師院語教系舞比賽有感

二支手併作三支脚
一粒頭無底插
學紅猴抓面
黑狗車輪
博仔聲搶搶滾
天頂落雪攏兼閃光
黑雲散去　月娘出現
你我笑甲強要翻身

尚蓋水的一次

——爲臺東師院語教系第二屆語文之夜而作

那一晚　舞臺上
好看的面容伴著美麗的講話聲
有人跳舞
有人念歌詩
有人演戲
月琴彈出哭調仔的哀怨了
青衣甲花旦出來接受博仔聲
古典的有滋味
現代的眞笑虧
大人歡喜親像撿到黃金
囝仔在𪜶兒做夢嘛知這有夠精彩
今後咱語教系的人才耶使出租嘍

蓋感心的人

——給孟樊

無人像伊一次擱一次接受朋友的委託
只要你開嘴伊攏𣍐給你失望
這款的人比親戚卡有情
茫茫渺渺的天地間
伊是一窟𣍐退燒的溫泉

真少人親像伊

——給堂錡

不知深交的朋友生做那一款
伊在我的心內已經甲深交無異樣
全無聽過伊講世人的是非
也不曾看過伊嫌我罵人尚過頭
只是定定提醒我
一甕酒還在等我來划拳娛樂

有笑容的菩薩

——給丁敏

看到伊
心頭就𣍐打結
冰雪會融
攏是春風的關係
伊不免講半句話
同款是正港的菩薩

伊是詩人

——給楊平

第一次看到一個人捧著一首詩給你看
還在甲你講幾半埔寫作的甜蜜的滋味
伊不管你是大人還是囝仔
攏耶使吟一段詩給你笑嗨嗨

親像面見北斗星

——獻給岳父岳母大人

他叫伊媽
她叫伊爹呀
無人像㑑那呢恩愛
看顧子女比人卡周到
天若落下㑑一定先去頂著
風再大嘛𧶏給細漢仔偷扒目屎
從我給㑑做女婿了後
那段疼子的歷史擱一次重演
㑑分給我的愛無十分嘛有九分
我知仔我已經又加了一對父母

伊是天

——寫阮的母親

你有呷飽不
母親總是用這句話問我
伊驚我餓
驚我生病
驚我𧬣曉照顧自己
阮五個兄弟姊妹攏給伊這般的驚嚇
別人已經享受過頭嘍
阮的母親還在帶孫望子
那要叫伊放落這粒心
可能愛等日頭對西邊出來

陰陽兩隔後

——思念父親

父親離開阮已經有兩冬啊
這段時間還無法相信這是眞正的代誌
不是想起伊坐在阮面頭前講古
就是暝夢伊還甲阮同齊呷飯看電視
伊一生的責任眞濟眞濟
心願嘛強要甲天平高
人講享福是生做什麼款
伊攏不會在計較
只是煩惱阮是不是會甲伊同款歹命
這那有法度叫阮甭想伊

伊轉身過來對我笑

——在東部幹線上

一個老母帶兩個囝仔
坐在我頭前
火車開嘍
查甫的顧看窗外的白鷺鷥
查某的甲我迷孤家
伊大大的目睭甲白白的嘴齒
像秋月春花給人疼惜
笑著擱笑著
干那要叫我等伊二十年同款
老實講眞久不曾有這種艷遇啦

卷十

新生代

他們喜歡什麼呢
不
要
管
我

無殼蝸牛

命運
弱勢
無能
才找不到一個殼可以頂戴

臺灣品牌

美國設計
日本技術
海外原料
大陸勞工

網路世界

我們像隱身的狗在對話
就算你是一隻狗
也
不
會
有
人
知
道
你在什麼地方

生化科技

上帝說
再這樣下去
祂
不
玩
了

失業潮

吃得飽的人
觀望吃不飽的人
沒有人伸出援手

搶劫一族

吃
牢
飯
總比蹲在家裏挨餓好

縱火者

解放
你們這些被有錢人擺布的傢伙
統統到天堂去快樂

傑出校友

機會只有一次
還
要
確
保
你不會出錯

尾聲

看完
記得倒帶

附錄

驚異之旅

王聖馨

第一次接觸周老師，是在大一上「兒童文學」課之時。踏進教室，即被一種森冷的眼芒給震懾住，滿頭的白髮，透露出的訊息是組織思考的繁複，這是我所推測的第一印象，丟出問題後，接連而來的質問執異，常堵得人面臨了前有來敵，後有追兵之勢，令人喘不過氣。

但這或許只是表面上的現象，我想鼓勵我們獨立思考應是他的最終目的。很多時候，我們的確只注意到了浮面的表徵，而忽略檯面下事物所隱含的意義。拋出的問題，正是接續而來的省思。在文字的殿堂裡，古往今來作者的感情充斥其中，可以說是一種至情至性，但如果不能具備理智客觀的評判，而獨溺其中，遲早會被感情所淹沒。存在創作過程中，情的確是一種觸媒，但若是陷入了評斷與觀照，我想不能不慎。於是在一連串的課程中，逐一的訓練我們的想像力和創造力，由欣賞的角度，逐漸轉由晉升為自己也有能力創作，一直到一下的「思維與寫作」課與「臺灣文學」課時始終如一。其中感受到文學創作是艱辛的，在思想脫胎蛻變的過程中，蟄伏在密織的繭中，隨時要冷靜的去淘洗、沉澱那原屬混亂的外在事物，在紛沓的梳理掌握中，篩透出一種最精緻的文學觸覺，情感在鍛造的途徑中，網絡會越來越縝密，延伸的觸角也越來越敏銳。上周老師的「臺灣文學」課給我這種的感觸尤深。

無束無縛，無拘無驚，可以說是我給「臺灣文學」課的眉批，或許名之為「臺灣」文學是太陋視它的存在了。除了探討臺灣外，議題也延展出去成放射性的輻輳。生在臺灣這塊主權不明顯的中介動搖性土地上，其歸屬該何去何從，實令人疑惑。但在中華民國建立的將近一百年間，我們的確以敏感的身分存在了將近一甲子，說要否定卻又無法果斷抹滅其價值。因為在發展中，雖僅隔了一個臺灣海峽，淵深於神州大陸的文化，在渡過黑水溝後這一百多年來也歧衍出另一種在地的鄉土味；獨屬於臺灣的草根味，不同於大陸的偉岸風格；雜揉地方傳統與不同視野島國文化的豐富性。凡出產於臺灣這片土地上的都可稱為「臺灣文學」作品，所以在這廣闊的縱深中，讓我們接觸的也多半是全面性的解讀，而非片面性的裁截出隻字片語。給我一種全方位的視野。或許和周老師勇於思辨、釐清的個性有關，課程中不斷的要求我們去辨證關於文學的內容，博古繫今，隨著文學的湧流，注入點關於社會、政治的不同觀點，可以揚長的批判，也可以嚴肅的省思。老師也常會不定時的投下殺傷力甚大的炸彈，尖刻且荒謬的直搗核心，辛辣到甚至令人感到毫無招架之力。那時那刻只會覺得原本心扉上扣的一道道嚴密的鎖都不明的被撬開了來。

從前現代到現代到後現代……課程中老師提出了一篇篇具典型性的作品。透過小組互動激烈的探討，很多叢生的現象都畢露無遺，一篇篇的作品表面上是由不同作者所型構，但實際可代表不同時期，作者的心態……這凡此爾爾像一個個排列緊密的密碼，昭示於外人卻讓人無法揣摩。有時候真的懷疑老師的記憶分析體，或許也是學養歷練所致，總能透析到我所無法目見的，可謂是鞭辟入裡。一直有一個感覺，或許老師永遠不能拋棄思考孑然而生，只要他的生命存在，附生思考機制就不會停歇。一次次發言質疑中，發現儘管世道如此紛亂，不一而足的反映出黔首的無力感，雖往往在談論中表露出心焦與沉痛，但卻不放棄他的執著，一種可以劃歸於文人生命中蘊含的雄沛堅持，「你以為的世道和他以為的世道」美感類屬上是不同的層次，在討論「人性」之時，自認洞悉的我，竟也無來由的迷惑，真的在很多立場上，其實我們所謂的「人性」早就泯滅殆盡。過多光鮮的裝飾，卻怎麼也無法填補那顆空虛的心，驀然回首才發現踽踽而至的足跡早已被水泥固化填凝。或許老師的堅持是有道理的，數位化的時代，不管主動被動都在接受著多媒體的洗禮，但老師仍刻意的與那無遠弗屆的「迅捷」保持距離，或許在他心靈深處，是堵著那麼道居安思危的牆，也是「人」的最後防線。想是義無反顧的吧！

老師過盛的心思，正好反映在他眾多的作品集中。我想老師不愧是一個多產的作家，也是一個將理想實踐在作品中的力行者。對於作品，我也翻看過幾本，他的文類涉獵甚廣，旁徵博引，引論佐證，都在在加強理念的完整性及力道。看了汗牛充棟的書，想必對很多世事都有相當的參悟，所以著作中也有玄奧的宗教學。然而給我的感覺，在宗教的薰陶下，老師的理性生命卻更加滋長。但人是感情的動物，情感是支持理性的背後穩定因素。因之約略可以在老師的詩集中嗅出點非剛性的感性的味道，有種對生命景深的透視。在道貌岸然的嚴穆外表下，掩藏著一個暗自躍動的靈魂。「栓不住一顆被壓扁的心閑時極靜的躍動」是本書《未來世界》的楔子。生活的制式要求，道德的閫範，可以把一個活生生的個體，折磨的了無生氣！或許也是對生命的嚮往，未來世界的一切，都可以是思維式的呈放，老莊無為式的洞察，柏拉圖式的精神直感寄託。〈過河〉中的「一隻蜻蜓」已經游到了對岸，感覺上思緒的過渡了無痕跡，平淡又有一種禪悅的韻味。〈今生〉中「陣痛，撐不住時間的壓力」短短字句已詮釋了象徵人生的重量，擔荷到最後，終究只能「換來滿身的勞累」，不禁令人唏噓會心。

或許也因為根著於鄉土的情感，對這片土地的覺察深，所以著墨的筆觸也就深。一切的人、事、物，都是源自於記憶的儲存體中，也許是隨著時間所機讀出的產物，生活中的玩味觀想，在在的都成為筆下一朵朵燦燦文萃之華。真正掏盡心中肺腑，去宣告一個屬於他的世界，那個世界可以是夢、幻，也可以是真、切。瀟灑的還是作者本身，依舊徜徉於他的天地，嗅著泥土，聞著草香，該哭的時候仍舊落淚，該笑的時候仍舊放聲，未來的詩篇是該敢愛敢恨、敢做敢當的。

用最敏銳的字句去詮釋作者的心情，願每個人都能用一種無束縛的心情去品味那圈畫生命脈流的世界，是未來，也是延續。

文學之竭

周秀春

眼看著學期就要告一段落了，而「臺灣文學」課也將結束，我從對臺灣文學的懵懂中，也前進到有些基本的認識，雖然有好幾次上課時精神恍惚，但我覺得自己還是有學到想學到的東西，至於那些錯失的，或是以後會再相遇吧！或許！

在上課中談到三方面的作品——詩、散文、小說，其中也穿插了一些理論，其實我覺得在老師給我們的講義中，所摘錄的作品都挺有代表性的，不過我個人在這三類作品中，比較喜歡詩和散文，至於小說，除了吳地〈幸福家庭公司〉、（附錄的）芥川龍之介〈竹藪中〉之外，都沒有什麼特殊的愛好；還記得在談到吳地「幸福家庭公司」時，我們那一組是用演戲的方式，將小說的內容真實地呈現出來，本來看這篇小說時，第一印象是覺得這種公司太棒了，既可滿足別人的需求，又可以賺錢，以後可以來開一家，鐵定賺大錢，但後來演完戲後，我突然覺得一切都很荒謬，但又很符合現代的社會，現代人正如書中的主角，內心寂寞空虛，追求新鮮的同時，卻又渴望幸福，但卻不想負擔隨之而來的無形束縛，這真是可悲的一件事，難道甜蜜的負擔已經勝不過自由寂寞的心了嗎？就在我仍懷疑的時候，有天上網去找資料時，我發現我開公司的夢可以醒了，因為早就有人在網路上，設立養情人、老公之類的東西。其實我不該那麼驚訝和失望的，畢竟在電腦上養雞、養豬已經很普遍了，而養情人、老公和養動物也沒多大的差別。或許是操作上要困難一點，要費更多的心思來照顧另一半罷了！其背後的原理不是一樣的嗎？我想發明這一招的人，實在太聰明了，吳地如果知道，恐怕也會自嘆弗如吧！因為在電腦上養情人，所花的錢一定比請人演戲來得便宜許多，而且可以挑選的種類更多，而且不會受到外在的限制。你想什麼時候跟情人見面，只要打開電腦就好了，也不用再打電話到公司去租，便利、省時、省錢，完全符合現代人的需求，只是仍然是一顆寂寞的心，在螢幕前跳動。

至於芥川龍之介的〈竹藪中〉，雖然最後我還是無法判定誰殺了誰，而誰又說了什麼謊，但我很佩服作者的寫作手法，因為雖然是在講同一件事，但又要每個角色的說法不同，而且這種種說法中又必須有某些微妙的關聯，如果不是一個很細膩的人，可能寫到最後不是岔出主題，就是自己也被搞糊塗了。而且其實在現實生活中，我們也常常被類似〈竹藪中〉這樣的戲碼給弄得丈二金剛摸不著頭腦，尤其是在政治方面，這樣的例子更是不勝枚舉，令人厭煩。

另外關於詩和散文方面，顏元叔的〈懶貓百態〉，第一次看到這篇散文時，我覺得題目也太誇大了，既是懶貓又何來百態，根據我個人的體會，懶人只有二態，睡覺和吃東西，人既如此，貓想必也相差不遠吧！想不到在看到文章內容後，我才驚覺，或許懶人也不僅只有二態，只是在我的眼中卻只有看到二態，而其他的98態都被我給忽略了，真真可惜啊！再者上課中也有談到，像這類的散文最難寫，因為既不是單純抒發個人情感，也不是議論某事，而採用夾敘夾議的手法來說理，那麼要如何將事、理融合得很好，就是一個很關鍵的點了，我覺得在〈懶貓百態〉中，作者處理得很好，通篇文章看下來，只覺得作者是意有所指，但又不露骨，彷彿你覺得別有意含也好，單純寫貓也罷！並沒有強迫我們去接受什麼觀點，這種文章比評論或抒情的文章，有更多令人玩味的地方。

最後，談到詩的部份。林宗源〈滴落我心內的汗〉，雖然主題沒什麼特別之處，但是由於用閩南語創作，所以給人一種很親切，很有感情的感覺。像周慶華老師的幾首閩南語詩也是如此，不論是〈蓋感心的人——給孟樊〉或〈親像面見北斗星——獻給岳父岳母大人〉，讀起來都令人動容。在我的印象中，老師擅長的作品應該是一些評論性文章，如果要寫詩，也是一些如〈政客〉、〈無殼蝸牛〉、〈失業潮〉、〈搶劫一族〉，這些嘲諷或批評的詩，想不到老師寫起抒情的詩來了，而且詩中流露出真摯、豐沛的感情，看來評論是老師真性情的流露，而抒情詩又何嘗不然呢！另外幾首詩，如「夢」系列、〈無題〉、〈南瓜的生日〉、〈今生〉、〈連莊〉、〈楓橋〉，其實還有其他許多首，我覺得都流露出一種悲觀的趨向，但是悲觀中又帶有積極的動力，雖然最後跌落的是沒有標籤的臉譜，但仍求不賒欠生命一次的代價，這大概就是老師的人生觀吧！

在眾多的詩當中，我自己最喜歡〈運行東南〉、〈想家〉、〈南瓜的生日〉，每個來到臺東師院的人，應該都多少會有淪落邊疆的感慨吧！有些人甚至從沒想過會到東部來唸書，有些人雖然想過，但不敢相信他真的實現了，現在看到這首〈運行東南〉，真是心有戚戚焉，只是我仍在掙扎中，沿著記憶的軌跡想回家。

最後，真的是最後了，這是本人第一次寫評論，只可惜我雖有滿腹的話想寫，但一想到這些話都呈現在諸多看倌的面前，我就開始戰戰兢兢，不知該從何下筆。我已經寫過四次開頭了，天啊！四次開頭耶！我那一次寫報告如此的用功和慎重，而且每一次都寫到一半就無法再進行下去了，我真的腸思枯竭了，我看著散落一地的稿紙，那些稿紙彷彿嘲笑著我的失敗，我想我這篇期末心得，真的比其他作業都來的困難，希望……希望……這是我最後一次寫結語了，我不想再寫第五次開頭了。

耶！我終於寫完了，歷時一個月，重寫四遍，我終於完成了這篇「鉅作」，雖然其中有很多地方不滿意，但……但……我還是雙手奉上，因為別無良法了。我想我真的江郎才盡了，那一丁點的寫作動力，我全部都奉獻給以往的「臺灣文學」課了，和其他諸如什麼「思維與寫作」、「兒……」課了，可能要休息一陣子，受一些刺激，才有辦法再寫出一些稍可見人的東西，此時的我不禁想到老師旺盛的創作力，在教學、研究之餘，竟然還可利用時間，寫出這樣一百首的詩，而且詩的內容多變有思想，不是一味地氾濫情感，也非一逕地憤世嫉俗。老師，我只想說，你真的不簡單，我看完詩，一定會記得倒帶的。

找一顆最亮的星星

陳怡妘

「栓不住一顆被壓扁的心閑時極靜的躍動」，有了這個楔子，往後的九十九首詩就不足為奇了。

他是藏匿在師院的一顆星，我在「臺灣文學」中偶然與這顆星相遇。他的臺灣文學很特別。不加括號赤裸裸的臺灣文學，是在臺灣產生和流傳的文學作品，而加了兩個漂亮括號的「臺灣文學」，是指能反映或表現臺灣某種現實的文學作品。光從這顆星費盡所思地為那四個字做解釋的情形來看，想必他的詩作也得讀者絞盡腦汁的去猜疑了吧！「如果花果會飄零就不必賒欠生命一次的代價，風雨掃過前階最後跌落的是沒有標籤的臉譜」，一首頗哀怨的詩，但它竟是「無題」，彷彿道盡萬物終歸大自然的無奈。我愛那飄零與風雨掃過的情境，那是一種美麗的哀愁，而最後跌落的無標籤的臉譜，我想到的是芸芸眾生，就是你和我了。真是好一個「無題」呀！

是不是寫作就是為了要成名？如果我甘願當個默默無聞的作家行不行呀？但他似乎不這麼想，他早在心底暗自盤算了一個「獵名計劃」。想「捧著舞臺鎂光燈的賞賜」，那「掌聲就會從窗口浮飄進來」，也「不必等待熒星一點上升」，和「突出滿天的黑暗以後」，我「再去看人散場」。好個縝密的計劃，每一句都很有動態感，而且還有兩個主角同時演出，一個在舞臺上接受眾人的喝采，一個是趕不及看劇的冒失者。前後彷彿兩段劇，兩個心情串成一個屬於他的計劃。

沒有人喜歡「等」，當然我也不例外，因為等得太久會讓我失去少女的純真，火爆性格會傾巢而出。但還好我不太懂他給我的「等待」。「燕子剪不斷風的缺口，明天還有一點沒有顏色的塗料，將要給她做嫁紗，誰說起的故事多了幾個文字的情節，蒼白得只剩一枚紅色的短箋，寄不出去燕子截住擔心不能簽收，嫁紗披上沒有顏色的塗料，她要下榻。」你懂嗎？學學我不要自以為懂，否則你會陷入萬劫不復的冗長「等待」。

面對日、月、星辰，我會選擇星辰，儘管阿波羅和黛安娜這對兄妹是才華洋溢與俊美容貌的代表，但我還是背叛了他們，愛上在夜晚隱隱閃耀光芒的星。「枯坐了一個下午，只為等待已經出現的一顆星星，它散發的亮光剛剛燒過南邊的草原，兩陣風幫它澆熄又再度冒起，接替夜的來臨夕陽就告退了，沒有歡呼聲給另一顆發不出光的星星，月牙終於啣著它出場，我還在痴望那些飛騰的火苗，最後被告知他們正從我的頭上冉冉升空」。像是有著無限少女情懷般的筆觸，這個少女有點落寞，她在期待，卻又在期待中晃神犯了過錯，她似乎一直在錯過，那些她認為是美好的事物。「星星」在人們的心中，就像是阿拉丁的神燈一樣，你可以盡情的許願，在它用盡全身力氣放出火花的那一刻，但我想，我可能會錯過許願這個神聖的工作，因為當它劃過天際灑落火苗的那一刻，我將會是全神貫注，身上幾千億個細胞被我死命的關住，用崇高的心態來迎接讚嘆的那一刻。

秋天，該是浪漫的季節，在他筆下，卻添進了無限多冬的枯寂。「一片楓葉，背後，都有一座死橋的故事」，這是他的「楓橋」。初見此詩，我聯想到的是「康橋」，也許是因我在「人間四月天」裡一個不小心小小的著了迷。一個有過無數浪漫愛情的橋，是不易讓人聯想到「死」這個字眼的，而我會想到「康橋」，可能是我對愛情的憧憬太過於浪漫。而他的橋，就是不限於愛情成分的橋，也許是一段哀痛的往事，如生離死別般壯烈，而且他讓楓葉扛起一個莫大的背負，它原只屬於浪漫與凋零，但在他的刻意安排下，它成了「死寂」界的代表，嘿！多不有趣，且它也永遠都不會知道已被偷偷擺了一道。

有沒有一本「戀愛講義」，可以讓我溫讀個千百遍。他筆下的「戀人」是這樣的：必須講同樣的話一百次，才算過關，等到熟悉的時候，再慢慢減量，準備分手。好冷酷的說法，但你能說事實不是如此嗎？但它仍是一本你能恭維的戀愛講義，因為它給了你暗示，只要不拘泥於老舊的型式，每天換換口味，最後再保留百分之一的熟識給自己，就不會走上「決裂」。

時代的不景氣，造就了更多原本默默無名的大哥。一起當個「搶劫一族」吧！「吃牢飯總比蹲在家裡挨餓好」，這是發生在真實生活的現象，一個心靈純潔認為自己至高無上的人，我相信他如鋼鐵般的堅強意志，也會在聽到天籟之音「咕嚕」中瓦解，很可笑，可不是？

每次一到「尾聲」，總會令人唏噓萬分，這一次，他不要你帶著愁悵離開，他說「看完，記得倒帶」，我，無言以對。

他有他千篇一律的風格，但你一時還察覺不出來，所以還是請你多次玩味。放蕩不羈，出言不遜，白髮蒼蒼，下筆快如閃電，文思耗怠不盡……。隨筆一揮就是一百首，隨手一捻就是膾炙之作。對於我以上的陳述你若感到模糊，那就不便再請你重新拜讀了，畢竟我的陳述若不具效力，你也不必從千千萬萬本書籍中拾起在角落不起眼的它。

「詩」夠了沒

吳培年

如果你要我談起讀新詩的感覺，以前一定可以看見我一副無可奈何的樣子，在你的面前僅簡單地回一句話：「我不是很擅長這方面的東西……」那如果談到臺灣文學呢？那就沒有之前那樣尷尬，但說的出的話也是不多，周老師在學期末突發奇想，將他一部分詩作印給學生閱讀，希望我們在期末時交出一份結合了「臺灣文學」和「周老師的新詩」的心得報告，我想了一想，這學期學生出產了好多好多作品，新詩佔了絕大部分，我雖然也有創作出許許多多的新詩，但自己寫起來總是覺得不好，對於老師所提到的「寫詩內項」沒有達到幾項，如果真的要寫心得可能會很心虛吧？期中老師要出一本詩集《七行詩》，問我有沒有意願做排版的工作，既然有外快就做做看吧！在編排的過程中，我不僅僅只編排老師的一百多首詩，也在停下打鍵盤的快手看看老師的創作，一百多首，依照以前我的讀詩習慣，一星期讀一篇很短的新詩就很了不起了，我竟在二星期內讀完全部的詩篇，而且七行詩也有給我小小的感動喔，原來新詩也可以這樣寫。

回到正題，老師發給學生們回去看的詩篇，我覺得和我所讀的七行詩風格差不多，許多的詩中有時靜靜地傳達出小小的無奈、小小的高興、空無的感覺、強烈的對比、諷刺的意味……等等一些有「周慶華味道」的風格，從前曾經錯誤地一直以為新詩是現代主義和後現代主義的產物，作者藉由創作出讓人看不懂或是看不太懂的詩樹立其個人欲建構的世界或概念，在經常性的「看不懂」挫折下，我很自然地制約在每一種新詩都是一種樣子的概念中，但在看了《七行詩》，再來看看後來老師發的詩，會覺得在「周慶華味道」的感染下，也能漸漸讀通類似的新詩，雖然並沒能全部讀通⋯⋯

再來說說《未來世界》裡的那些詩吧！《未來世界》，感覺上像是科幻小說中的簡短情節，這讓我聯想起老師在課堂中說過的「現代」與「後現代」的特徵：為未來世界鋪陳一個作者建構的美好世界，無論是「現代」的趨於實際，還是「後現代」的無目標的表現自我，以想像去構築一個自己心目中樂於見到的世界，一個什麼事情都可以發生的世界，我想周老師的詩中所呈現的大多是這樣子的一些情景，有別於其他詩人的作品，不是不容易閱讀，就是可能過於偏向某一流派，讓人總在他的圈圈裡逛來逛去最後逛不出自己的感覺。周老師的詩似乎也有這樣的流弊（讓人在「周慶華味道」中晃來晃去，但有時卻也能觸動心絃），但卻比較容易閱讀，先撇開不說我曾和老師有過幾次的聊天，可能就因此比常人較了解周老師一點點，也因此能理解其作品的意境，由於周老師並未被編到某一流派，我覺得是因為老師的範圍過於寬廣，無論是早期的抽象，到現在的後現代，老師都有屬於自己的一套想法，而且老師能夠將這麼多的流派作融合，這是相當難能可貴的，因為老師呈現的是一種新的、以前不常見的、具有個人特色的風格，而融合了很多派的文學作品在閱讀時也能呈現比較多元化的風格，這是周老師這些新詩作品的特色之一。

裡頭有一些詩我覺得很有趣，由於我的閱讀取向是「趣味」、「幽默」、「寫實」，因此我在閱讀這幾類文章時會比較喜歡看這些篇章，而老師的詩篇中有一部分有達到我的取向，因此我在解讀時也能淡淡的笑一下裡面的幽默，老師有把詩篇作了分類，以卷一至卷十為題，但我覺得沒有題目亂奇怪的，而且老師的分類有時是「故意」的，設下這樣的一個小動作希望能在那一天有人能掉入陷阱：我是說到那去了，把老師想成是一個壞人的樣子似的；我給了每一卷一個名字，但前五章我怎麼都沒辦法想出題目（正好看不太懂）：卷六／人類與職業的對話，卷七／七行破功版，卷八／各式夢，卷九／閩語心聲，卷十／吐露心底話。前五章不是看不懂就得略過，但我想先從後面五章說起，卷十的吐露心底話，我可以看見現代文化中的冰山一角，新生代、無殼蝸牛、網路世界、搶劫一族、縱火者都是作者摹想這些人們的內心世界，不但有和現代社會的現況有著強烈對比，也似乎在這不景氣的社會中為這些人吐了一口不悅的鳥氣似的；臺灣品牌與生化科技，前在諷刺臺灣的品牌幾乎都是別人的東西，沒有自己的影子，後者諷刺現今過於進步的生化竟想謀奪上帝的職權創造生命，連上帝都發火了；說到傑出校友，學校最近才舉辦頒獎儀式，在我的眼中這些傑出校友可真是萬中選一呢！他們的努力可真的值得大家給予最熱烈的掌聲，但在這邊作者說：「機會只有一次／還要確保你不會出錯」這樣的語句，似乎暗示了在檯面下多多的傑出校友，因為不知名的原因而被拒於傑出校友門外，這有時也讓我對於傑出校友的印象略為改觀。卷九的閩語心聲，這些都是作者的肺腑之言（我猜的），用閩南語寫下的篇章，對於自己的親人以及所任教的語教系都多有著墨，情感的表達可說是呼之欲出。卷八的各式夢，做夢是人人會做，但很少有人能將夢境寫的栩栩如生喔，在〈綺夢〉中描述了作春夢驚醒的無奈、〈帝王夢〉寫在墓中的君王只想出來透氣的渴望，〈凡夫夢〉寫盡多少人對於榮華富貴的渴求，〈蝴蝶夢〉巧妙破了莊周的夢境，這邊把夢境全部集中在一起，各式各樣的夢境也傳達了作者觀察到人生如夢，大家喜歡做夢的一種意含。接下來是卷七的七行破功版，題目我原想訂為「爆笑七行」，但發現老師可能會看不懂就作罷了，但我覺得老師在這邊將《七行詩》作了另外一次的重組，因為我讀《七行詩》之後有了一種比較有意境的感覺，但這邊竟然將我的意境全數破除，也就是所謂的「破了我的功」，但為何會爆笑呢?作者在裡面將所有的題目用很有趣的方式作了些詩，讀《七行詩》時從未想過這些題目有那些關聯性，而後這樣的重組竟將每一篇詩的題目及內涵都連了起來，成為一首首怪怪的詩句，有些讀起來很有意境的詩在裡面竟然變的十分俏皮，而最後的〈七行補〉我覺得是本篇之最：「看詩的人可慘啦」，突然產生一種幫老師排版這些詩是「為虎作倀」的感覺。卷六的人類與職業的對話，強調各種職業的無奈，這種意含在這邊可是展露無疑，老師的文筆表現的相當恰當，卷一到卷五也不是看不懂就沒有心得了喔，雖然看不懂，但我會在字裡行間去搜尋老師無意間顯露的感覺，常常感覺到一種深處於黑暗中的空無、悠閒正在向外呼出鼻息，正準備在讀者一不注意的同時向外展露出詩的可愛意含。

綜觀這樣子的詩篇和本學期修習的「臺灣文學」，我覺得我在閱讀新詩方面雖然沒有很大的進步，但我也間接了解許許多多的文體和風格，也認真地看了好多詩，收穫也是不少，也許那一天人家問起我喜歡看新詩否？我也能和他聊上幾句呢！

無止境的旅程

邱盈翰

「臺灣文學」這個名詞，大概只有居住在臺灣的文學人有機會聽到，但聽到後能否加以說明，恐怕就不是件輕易的工作，周教授一直嘗試將這樣的問題予以明朗化，希望能夠為臺灣文學的明天找出一條發展的道路（詳情請參考周慶華《臺灣文學與「臺灣文學」》，台北：生智，1997）。

不可諱言的，儘管稱作是臺灣文學，我們的文學環境仍受到西方相關文學理論的影響甚鉅；從浪漫主義、寫實主義、自然主義、象徵主義到現代派的存在主義、超現實主義和魔幻寫實主義等，一直發展到後寫實主義與後現代派，我們難以抗拒一波波來自西方的浪潮；所以，臺灣的作家便加以轉化成自已寫作的思考資源和利器。

在創作方式上，可以藉由新詩、散文或小說等途徑來呈現。就新詩而言，又分作小詩和長詩，要將新詩寫得令人再三玩味、激賞，也是有其要領的；小詩方面，首要注重奇情或巧思，並兼顧意象韻律的經營，通常一組字詞、一個句子就可以加以表現，如非馬的〈從窗裡看雪〉：

雪上的腳印

總是
　越踩越
　　深
　越採越
不知所
云

周慶華的〈蝴蝶夢〉：

彩麗當前
是蛻變一生的代價
莊周不必嫌棄
蝴蝶也有做夢的權利

另外，矛盾語和反義語的運用，是一種能造成語義多重的技巧，讓讀者往往有意想不到的結局或特殊的體會。如鄭愁予的〈錯誤〉便是最明顯的例子。此外，如夏宇的〈甜蜜的復仇〉：

把你的影子加點鹽
醃起來
風乾
老的時候
下酒

林彧的〈山鳥〉：

守了一整個下午的
鳥　那些山
振
翼
飛
起

周慶華的〈圖書館風暴〉

寂靜中跳出一串帶血的音符

我要當飯桶——

還可以利用形式的變化來吸引讀者的目光，藉著不同文字的排列組合，來達到一種作者想表達的特殊圖像，現今的網路文學便充分地發揮此一技巧。而長詩部分，首重情感的普遍性和深刻，因為句數較不受限，所以在經營詩的意象時，可以較完整地描摹和表達，試著要引起讀者的共鳴，情感的體認就要真切地傳遞在其中；上述的反義語、矛盾語、意象韻律的經營和形式的變化，也是長詩可以利用的技巧。

在周教授的詩集創作中，我們除了可以窺探出作者豐富的思考外，更可知曉作者在相關文學理論背景的涉獵已久；全書共分十卷，每一卷都有其特異之處，還望留待給讀者們細細咀嚼後，體會出作者經營之用心。除此之外，作者也嘗試從各種不同的題材、語言（國語和閩南語）和面向，來譏諷、關照我們現今的社會環境；如〈政客〉：

最先布樁的人

先死

鈔票堆起來沒有膝蓋高
坐下都會跌痛屁股
穩住陣腳要緊
進不了國會也還有地方議會

〈地球村〉：

紅毛白毛黑毛
的猩猩
聚集

相互觀望
不說話

〈凡夫夢〉：

財富多多
美女滿抱
童僕環侍聽遣
了這心願當下斷氣也無妨

當然，作者也少不了深層的情感宣洩，因為徹底了解到文學功能的多樣性，所以在情感呈現上，就亦顯得多元和生動了；如〈邂逅〉：

兩百年的許諾
等到一顆彗星飢渴的離別

如〈想家〉：

忘記旋轉的輪子
總是想回到它的馬路
吹不動的風
慢慢都要沿著記憶爬行

在現今文學作品氾濫成災的市場上，作者想求得立身之地實屬不易；相對的，這就考驗著每一位讀者的思考判斷能力了。如何在茫茫書海中，覓得一兩本好書，同時也為真正在努力的作家鼓舞、打氣，提升整體的閱讀水準，我相信這一天會來到，但這還需要更多優秀的文學作品的刺激；畢竟，如果每位讀者都有如此睿智的判斷力，出版業界可能就很難生存了。

透過此書，我發現到文學無窮的延展性和可能性，當然，也樂意邀請更多讀者一同來探索；在其中，可以盡情地翱翔在無邊際的想像藍天，亦可悠遊在情感的浪潮中，真實或虛幻已不再重要，契合或背叛也不再可靠，只知道自己正在不斷地思考，如此一來，才能確定自己還存活著，存在這充滿詭譎的「未來世界」。

囚籠中的任性

蕭淑慧

思索要用怎樣的一個角度來看這本作品，是以一個學生的角度來看老師的作品，抑或以一個嚴厲的批評家的角度來「評」斷！前者那種是我想脫離的思考模式，後者我想我也做不來（大師級的人物才有可能做這類的事吧）！所以採的可能是較偏於兩者中間的看法，如果有不當的地方，可能要請各位看倌多加見諒！

本書的書名為《未來世界》，我查了一下這首詩的內容，發現這是一首很「有趣」的詩，以肯基伍羅的戲劇「舞臺上一條狗慢慢的走過去，閉幕」為題材，除了充滿不可思議的弔詭外，又不得不讓人覺得趣味盎然。或許這正展現了這整本書的風格，超脫於現實，乍看之下實在難解，仔細思索之後卻又讓人覺得趣味油然而生，過與不及的嘲諷，在此處取得巧妙的均衡，雖說說的是「未來世界」，但是在整個看起來卻未必有真切的未來之感，或許只有能超越過去的包袱，才有未來可言吧！

除此之外，在本書中，作者還運用多種與文學相關的寫作技巧，這樣的寫作風格在文內互相交織、夾雜，因此使本書整個風格呈現多變的景象，讀者在乍看之下可能會覺得不知所云，我自己看的時候也差不多，但是在多看幾次之後，會慢慢「咀嚼」出一些味道出來。當然我的解讀可能不一定正確，但是對文學作品而言，本來就沒有所謂絕對的正確或絕對的錯誤，因此在看這本書時，請用愉悅的心情來看它，如果不懂，就跳過去吧！大不了下次再看一遍，沒道理要非懂不可，不是嗎？

以下我將對書中所挑選出來的幾首詩作一個簡單的分類，分類的主要依據是以寫作的派別與寫作的手法來作區分，但不對作品本身的內容作評述，作品內容的評述當由讀者自己來負責才是。另外附註一點，此次的分類方式並非絕對，因此如果有其他看法亦是自然。

第一類　模象

在此我主要的分類依據是以將一種狀態或情境用具體的形象符號將其表達出來，因此會見到許多抽象的情景，亦或將一些實際上沒有形體的東西，用擬人的方式表達：

楔子

拴不住一顆被壓扁的心閑時寂靜的躍動

獵名計劃

捧著舞臺鎂光燈的賞賜
掌聲就會從窗口浮飄進來

不必等待熒星一點上升
突出滿天的黑暗以後
再去看人散場

由前面所舉的例子，我們可以看到，這種以具體事物描寫抽象理念的手法，將整個文章的氣氛重新作了另一種詮釋，而且使用的方式不僵硬，亦不落入俗套，是相當值得贊許的地方。

第二類 模象十思考

南瓜的生日

從開花的那天起
主人就把肥料分送給隔壁的土地
我包裹自己的希望
直到醞釀出
金黃的
重

量
今天不是要慶祝新生
是要忘掉活過

石縫上

小小的圓孔
足夠覆蓋陽光的細影
許久以後
一棵小草探出頭來　說
裡面還有藤蔓正在拒絕呼吸

在此類中，除了將前面的模象加入在作品中，亦加入了一些作者的思考在裡面，因此使得整首詩讀來別具風味，而不是只是一般簡單的模象。

第三類　矛盾語

迴向

溺斃的人救起沒有溺斃的人
跑路費給紳士不給賭徒
劈開石頭當家居住
還未消火的狗強迫牠去修鍊
出閣的女子接他回來主持生計
戰爭不用開打性命已經賠上
最好的慶祝儀式是呼天搶地……

以前後矛盾的方式展現一種詭異的氣氛，剛開始會讓人覺得莫名其妙，但是之後……，就讓讀者自己想吧！

第四類　女性主義，寫實主義

酒家女

說一聲恩客
就有千金酬謝

她抿著嘴
退下僅剩的薄衫
酒乾滑落肚

將後現代主義的女性主義融入作品中，並佐以寫實主義的描述，將整幅作品的意象作一個完整的呈現。

第五類　後寫實主義——政治

政客

最先布樁的人
先死
鈔票堆起來沒有膝蓋高
坐下都會跌痛屁股
穩住陣腳要緊

進不了國會也還有地方議會

以一種絕對的嘲諷將政客間的思想表達得淋漓盡致。

第六類　後現代主義

物痴

吊橋　摩天大樓　老鷹
金縷衣　火車　複製豬　笑
無尾熊　蛇　檳榔
美人　榴槤　蠍子　詩
蟬　搖頭族　國王企鵝
飆車族　古戰場　候鳥
電腦　鼻屎　麻將

將一連串看似無關聯的東西放在一起營造出屬於作者個人的意象組織，是後現代派中，獨樹一格的寫法。

第七類　結構主義

無殼蝸牛

命運
弱勢
無能
才找不到一個殼可以頂戴

藉由意符、轉換為意旨，經由這樣的約定俗成的文字意義，表達出這類作品所要點出的現實。

最後在卷九的地方有幾篇作品是比較屬於類似感懷的作品，是我個人相當喜歡的，在裡面具有一些含蓄的情感在裡面纏繞，與本書其他作品相較，顯得特別的突出，唯獨技巧方面可能不似其他篇那樣的純熟，不過也因為這樣才更添幾分「人性」。

這本作品有幸能在出版前一窺全貌，對我而言算是一個「殊榮」，而這也是我第一次讀這麼「深奧」的詩集（……看來我必須多作檢討），所以這些言論也是在痛苦的思索中所體驗到的，因此如果有說錯或筆誤或……的部分，就請大家…………………，謝謝合作！

他的詩與我的詩

吳卓穎

開始要修「臺灣文學」這門課的時候，我根本就沒想到什麼是臺灣文學，最原始的印象大概就是吳濁流、賴和、七等生和黃春明這些大人物，而事實上這些名作家的書我幾乎都沒看過，只有在大一下學期修「思維與寫作」時，老師指定我們讀黃春明的《放生》，因此我對「臺灣文學」的認識可說是少得可憐，先備知識極度缺乏。記得第一次上課時，大家為了替「臺灣文學」下個定義，只得先對現在的臺灣局勢做個分析，加上每個人對「文學」的定義就可以爭論很久，使得給「臺灣文學」的定義遲遲難產，也爭議不休。

這種見仁見智的討論，最後當然是無疾而終，每個人依舊抱持著最初的認知，堅持著那不知從那裡來的政治理念和文學概念，共處一室的人卻一人抱一套想法，我想這就是「文人」特有的「相輕」吧，總覺得自己說的才是對的，自己想的才是最周到的。在我的看法裡，對於「臺灣文學」的定義，我比較偏向寫作地點和作品裡的臺灣意識。舉凡在臺灣寫成的、出版的，即使是翻譯作品，只要是會影響臺灣人的文章，都可以廣稱為臺灣文學，這樣對臺灣文學的版圖擴張也有一定的功效嘛。而內容表達出對臺灣關懷或批判的臺灣意識，我認為這是毫無爭議的無庸置疑，列入臺灣文學。修習這樣特別的文學課，確實是應該要擁有一套屬於自己的認知和界定，否則自己的立場不明確，站在混沌地帶，要怎麼將文學研究的好咧？不過我實在是認為，沒有太大的必要去界定什麼文學不文學的，就像現在市面很多書局會把作品區分為「文學」和「非文學」兩類陳設，但是這些作品卻又會被混在一起擺放在一個叫做「暢銷書」的櫃子裡。所以在這個時候，分門別類誰是文學誰又是非文學的時候，還不如直接分成暢銷或非暢銷就好。

這門課我們寫了不少的詩，有的同學不太喜歡讀詩，也認為自己不擅長寫詩，因此修得有點不痛快，但是對我來說則不然。我以前沒有在寫詩的，閒來沒事只會找一些奇怪的靈感來寫成小說，朋友們都說我的作品血腥又暴力，不過風格獨特，讓人一看就知道是我的作品。這一點我非常高興，一個人的文章寫得好不好，其實真的很難下定論，因為這種藝術類的東西本來就是見仁見智，憑個人的喜好不同，並沒有什麼可以公平裁決的，其中困難的是走出自我的風格，讓人一看就不會忘記，也不會認為我的作品太浮濫、太平常、太不值得一看。

在這裡我「不得已」地得寫詩，寫著寫著發現我其實寫得還不差，多多努力搞不好那天會紅起來也說不定。仔細看看我的詩，不難發現血腥暴力就在裡頭，放火和自殺也一直是我很喜愛的題材。縱火是我從小的一個心願，可惜我受了高等的良好教育，知道放火是不對的行為，因此這個念頭我就將它埋在內心深處，用我的良知把它包好，以免害人又害己。而殺人也是我很想做的事情，不能身體力行的原因是我還滿怕血的，所以我如果要殺人，應該也只會用下藥這個不用見血的方法吧；愛寫自殺是因為我很佩服有勇氣自殺的人，雖然這佩服裡頭蘊含了大量的不屑，有時候活著比死還更勇敢，只是我自認無法做到不管一切，就這樣自我了結的撒手離開人間，所以我偏好讓我的作品主人翁去做這些我想做卻沒辦法做的事。

滿足

側臥在床　將肚臍眼闔上
綠色的鬼魅從我耳孔竄出
放把火　呵呵
燒了！
捧著灰燼自我鼻息進入

讀了老師的作品，感覺老師的寫作風格和我其實有點類似，我們一樣不使用大量的美麗辭藻，用的都是白話口語的淺白文字，寫的內容大都有些真實，不如一般詩作那麼唯美。但是即使是操作這樣簡單的文字，我們一樣不將意思清楚說明，反而愛將本意藏在文字背後，其實我也知道我的詩我如果不解釋，一定沒有人看得懂，但是我仍然偏愛寫這樣的詩，最好篇篇都見血或見死，抒發自己的情緒才是寫作的最上乘目的嘛。

血債

今生欠下的
來生總是要還

如果怨隙可以協商
老天也不會以雨水當淚
快點了結
地獄的門就要闔上

別催
有人還要墮落一次

縱火者

解放
你們這些被有錢人擺布的傢伙
統統到天堂去快樂

這兩首是我最喜歡的作品，仔細一看不難發現和我一貫偏愛的寫作題材有些相似。先說說第一首〈血債〉，我愛的其實是「老天也不會以雨水當淚」這一句，因為我非常討厭雨天，我總覺得雨就是天在哭，看著它哭我也會想哭，它陰陰沉沉的我的心情就會不好，所以看到這句詩時，我突然有一種很熟悉的感覺，好像是我自己說出這句話似的，一點也沒有距離。「有人還要墮落一次」這句話我也很中意，給我的感覺是直接呼應詩題，為了要求得血債，不得已的要墮落去玷污自己純淨的靈魂，得到了快感與公理後，受傷最多的人其實還是自己，這和我的〈滿足〉的結局根本就是相同含意，有異曲同工之妙。

讀著讀著發現老師很愛將狗寫進詩裡，難道老師是屬狗的嗎？為什麼如此對狗情有獨鍾呢？什麼東西都要扯到狗的身上，狗也真夠累的了，不知道老師自己有沒有發現自己特別愛寫狗？我猜老師一定對狗有著很特別的感情，不管是在什麼樣的情況下，總是第一個會聯想到狗，而在這一堆「狗詩」裡，我還滿喜歡〈今生〉的：

今生

陣痛
撐不住
時間的壓力

垮掉變成
流浪的
狗
換來滿身的
勞累

對〈今生〉我的解讀如下：前三句是在說母親臨盆之前的痛楚，最後孩子離開母體，在人世間反而成了如同一隻勞累的流浪狗，一事無成或是對人生的無奈感到失望。在這裡的這條狗沒有被多加描述，但是在其他地方的狗倒是有點「眾生相」的感覺，例如就有「頹敗夾尾的狗」、「剛結紮的狗」這樣令人不知含意為何的句子。就連〈菩提樹下〉也要有「一隻狗緩緩靠近」；〈不續蕪情〉這種怪題目下也出現「救了博士和一條狗」的句子，究竟作者是博士還是狗呢？

我的詩作裡從沒有出現動物的，大部分都只是單純的心境描寫，加上一點文字遊戲，故意讓它看起來不是那麼地容易被人了解，常常我也不是很愛把我要描述的主角寫得太清楚，我喜歡讓人去猜測、去推想，用心唸過我的詩，你才會了解我在寫些什麼，而不是只有字面上這些讓人摸不著頭緒的文句。

SEE

你　不知節制的藍
我的眼光停留在你的誘人
但卻　一陣陣的漆黑不規律地襲來
轟隆隆隆惹得我心煩
重見光明之時　才
又見你那肆無忌憚的遼闊
你是在笑？
亦或在愁？
看起來你是甜的　嚐起來卻是鹹的
帶著點苦讓人容易沒來由的落淚
我對你眨眨眼　揮揮手
你搖擺著清遠　玩弄著深邃
吞吐著美人魚化成的雪白
盯　盯　盯
瞪　瞪　瞪
瞧　瞧　瞧

縱身
請懷抱我

這首〈SEE〉，它的題目應該是〈SEA〉才對，因為我寫的是海洋，但是我不提任何一個「海」字或「水」字，如果直說，給人的感覺就太過俗氣，我可不願意我的作品淪為一般。SEE是取和SEA完全同音的雙關用意，說明白一點就是看海，「一陣陣的漆黑不規律地襲來」乍看好像是不能懂其意的句子，說穿了其實不過就是坐火車時不時地經過山洞，打斷我看海的視線，所以才說「轟隆隆惹得我心煩」。最後看著海，突然沒來由的縱身，請大海給一個懷抱，明白的表達出自殺的行為，這就是我一貫愛用的方法和題材了，讓主角死去總是我覺得最完美的結束，不用讓別人多想結果，因為他已經自己決定了自己的結局，確定且永不會改變的。

屠夫

揮舞
手中的刀
砍盡前世的冤孽

然後負氣出走
不必記得
回家

看起來這一首〈屠夫〉也是在寫自殺，最後了結的是自己前世的冤孽，也不再回家了，我認為是很明顯的表達出自殺的行動，不曉得老師本來寫的用意是不是在表現這一環呢？統整之後果然我喜愛的詩都是這類作品，我常常思考像我這樣一個家庭幸福美滿、生活衣食無缺的快樂小孩，怎麼會特別熱愛這樣不健康的文章呢？這也許只是我一意的偏執吧。

夏娃

嚼碎 吞嚥
再腥紅地釋出
蜷起身
抵擋洶湧而來的懲戒

這首〈夏娃〉是我自己滿喜愛的作品，寫的東西很簡單，夏娃吃了禁果，得到的是上帝給的終身的痛楚。常常我經期來時，我就痛得要命，不得不蜷起身子，縮緊肚子以求一點解脫，這首詩就在這個時候浮現在我腦海，我想這就是陳茂仁老師說的「處處皆詩」吧。

在「臺灣文學」這堂課裡我們「被迫」寫了很多詩，但是這也讓我發掘了我從未發現的一面，原來我在寫詩方面也滿行的，說到自己的詩雖然不是什麼高雅之作，但是走出自我的風格，在行文時不覺心虛，反而覺得內心充實且有趣，我想如果按著這樣的進度和心情來繼續寫作，搞不好那天我會變成一個小有名氣的小詩人也不一定。老師在課堂上也常常鼓勵我們，不論是何種文類都要多多寫作和涉獵，磨鍊自己的筆刀和增廣自己的見聞，同時培養一份能批評的眼光，要知道如何看出文章的內涵和隱義，要會評比文章的優劣得失，如此一來才不枉我們身為一個語教人。

學期結束了，我在這裡不得已的看了各式各樣的文章，有些是勾不起我共鳴的舊文章，但我還是很努力的想從中找出一些它的寓意，先不論結果如何，至少我是很用心的讀著文章，也試圖從我認為索然無味的字句中找尋一點趣味。多看多比較，希望我自己可以成為一個對文學涉獵較廣且較深的人，不再侷限自己於象牙塔中。各色的文章一定都有它的優缺點，我覺得我應該從閱讀、批評別人的文章開始，進而懂得檢討自己寫作時常犯的毛病，如此一來對我們的寫作功力才會有正面的增強與影響，也就不枉我修了這一門課。

它不合我的口味

陳郁芬

臺灣文學，是一個令人困惑的名詞。我聽過美洲文學，聽過日本文學，聽過各式各種的文學，但是就沒聽過臺灣文學這個名詞。不容諱言，我壓根兒就不把臺灣文學放在眼裡。因為，我們的文學觀實在太狹隘了，而實際上，根本也算不得是文學，它只是不斷鬥爭下的產物。或許，真的有人為了文學而認真的努力，但放眼現在，太少太少了，大家都只是為了一己之私。如此缺乏宏觀的文學，頂多是一種島國文學罷了，如何登大雅之堂呢？要定義臺灣文學之前，就先為臺灣下一個定義吧！

其實要我為臺灣做一個明確的定義，真的不是一件令人愉悅的事情。在這個蕞爾小島，大家各自為了自己，下一個定義，弄個烏煙瘴氣。要怪，只能怪我生在這裡吧！但，還是非得下個定義不可。尼采說：「上帝已死，超人誕生。」但在超人誕生之前，是虛無主義橫行肆流的時代，而這個過渡期是無法避免的。我們只能等待，思考，直到一個超人誕生於我們這裡。臺灣處境真的很艱辛，內有憂，外有患，人心浮動，現在的處境似乎更為艱辛。沒人知道，明天的臺灣會變成怎樣？臺幣是否會大貶？股市是不是會繼續跌？景氣是否能回升？這些國際對我們的惡意，無怪乎臺灣會這麼的複雜了。

回頭想想，臺灣到底算什麼呢？現在聽到很多本土派的都說自己是臺灣人。但他們口中的臺灣究竟是一個國家？亦或是一個地名？而本土派及外省人的爭執，不過就是因為利益的分配不均，而逐漸延伸出來的問題。不知道是否有人曾經冷靜的思考過，臺灣究竟何去何從呢？而現在本土意識抬頭之際，我想問，難道我們真的能和大陸完全撇清關係嗎？而大陸真的願意放棄這塊到手的肥肉嗎？好吧，假如說，我們願意放手一搏，我們有多少的勝算？這些問題，只要是臺灣人的話，都應認真的思考才是。我們臺灣一方面高唱著獨立，另一方面卻在經濟上加重對大陸的依賴，這真是令人百思不解啊！我只是很單純的覺得，只要安和樂利的日子，我就心滿意足了，畢竟我只是個再平凡不過的小老百姓了。要我懷抱著什麼雄心壯志，也是不太可能的事情。但我生在這塊土地，對這塊土地還是會有向心力，畢竟它與我相伴許久。與其下定義，不如實施愛國教育，教那些臺商及官員，別因小利益而失去了大局面。其實我自己也很混亂，我不知道我要如何看待臺灣的地位：是把它看成一個國家，還是一個地方？我只知道，盡心盡力愛它即可，以後的事交給歷史去看著辦吧！

唉，困難來了。臺灣我無法定義，我又如何去為臺灣文學下定義呢？我還是勉強下了個定義：只要內容是關懷臺灣的，而作家又是臺灣人，這樣就是我承認的臺灣文學。為什麼要關懷臺灣？假如這篇文章，只是很單純的抒發個人情志，那格局未免太小了，這樣的文學是無法引起共鳴的。說句不客氣的話，臺灣有那一篇文章是可以登上文學的顛峰？國內翻譯人力不足是原因之一，另一個原因是題材太偏狹了，而作家的功力也是不可否認的問題。舉一個例子，俄國出現了許多的大文豪：杜斯妥也夫斯基、托爾斯泰等人，他們的作品一定是關心俄國的，但在他們的作品中，還包括了關心整個人類的前途，及反省人生、思考人生的哲學思想，無怪乎這樣的作品能引起共鳴了。因為，看這樣的作品，你不至於覺得太過乏味，因為它裡面包含的東西，多多少少能引發你一些共鳴。但，反觀臺灣的文學作品呢？現在的不提，單單提以前的就好。那些日據時代的作品，有一些是真的很不錯，但大多數的作品，都只是沉浸在一種自憐自艾的情緒中。這樣的情感或許是真情流露，但你想要更進一步，就不能只是如此，你必須將情感昇華，化小我為大我，藉由臺灣，放眼世界，作家的使命感及責任在此。島國文學不知是否都會較為狹隘？但臺灣要設法突破瓶頸，走出一條自己的道路，不是嗎？

至於為什麼要是個臺灣人呢？沒什麼特別的原因，只因為這是「臺灣」文學。假如由一個外國人來寫關於臺灣的事情，那不是身為臺灣人的我們的奇恥大辱嗎？文學的必要條件之一，也是最重要的一個條件，就是真摯的情感。你不是臺灣人，而你寫得出和臺灣相關的情感，那這份情感是假的；假如你是個臺灣人，而你對臺灣沒有深刻的情感，你卻寫得出來，那這份感情也是假的。情感的真摯，會流露在字裡行間，這並不是你用欺騙虛偽的手段可以辦得到的。假如你不是臺灣人，你如何對發生在這塊土地上的事情，有刻骨銘心的感受呢？而作家必須身為臺灣人的原因，是因為我們必須發揚我們的文學，我們必須走出自己的風格。有朝一日，臺灣的文學得以跨進國際時，你我皆會因作家是臺灣人的身分，而深感驕傲，備感榮幸的。

你問我，余光中是不是臺灣作家？我可以肯定的說：他不是！試問，他的作品是寫臺灣嗎？不是！他的祖國情懷，控制了他的筆，他的一切思想，他無法將他的情感切割給別人。縱使他現在有寫了一些關於臺灣的事情，但這份情感，並沒有之前的那份來的濃烈。那他是臺灣人嗎？這我無法替他回答，他的心在那兒，他的人就在那兒。所以，這你要去問問他囉。我並沒有批評他的意思，只是舉他來作一個再明顯不過的例子了。

那假如是華語作家呢？唉，我覺得這真的很難說明白。雖然，他們人不在國內，卻還是寫著關於這裡的事。可是，我總覺得這樣的情感不真實。你離開了這兒，卻仍對這兒深有所感，那我只能說佩服。莫非是「身無彩鳳雙飛翼，心有靈犀一點通」？就好像李遠哲先生得了座諾貝爾獎，但他卻不是受臺灣高等教育，這種感覺是一致的。這樣的作品，承不承認，我想，見仁見智吧！

文學本來就是一件很難清楚界定的事情了，再加上臺灣這麼複雜的人文、歷史背景，那無異是難上添難。而我對臺灣文學的面貌也不是很清楚，只有一個大致上的輪廓而已。現在，我們來說說臺灣的文學作品，大致上是怎樣的一個情形。

先從詩說起。其實我一向對詩並不是特別擅長，而且甚至有點排斥。有時候，我覺得現代詩真的是很難懂。無論是唐詩、宋詞、元曲，再說到近一點的，譬如：余光中、席慕容、鄭愁予，這些詩都具有意象鮮明的特點。而我不諱言，我心目中的文學，必須要有美文這個首要條件。或許美文的條件是很難定的，但我心目中的美文就是以這些為範本的。因此，周慶華老師寫的詩，說句抱歉的話，並不符合我的口味。因為，那些對我而言，實在是太過遙遠了。像很多詩，我都看不太懂。只覺文字在我眼前跳躍，卻始終到達不了我的心中。不過，那首〈戀七情結〉，寫得蠻有趣的。用同音的字，來表示主題。不過，主題和題目卻沒多大的干係。不知是為何？但我對這些作品，並不具備同等的先備知識，所以我就不多作贅言了。

我看了很多的作品，我印象最深刻的就是課中順便提到的芥川龍之介的〈竹藪中〉。這一篇文章我記得一剛開始看時，並不是看的很懂，但後來我的歷史老師解說了之後，我才知道原來這一篇文章想傳達些什麼。我們常自認為我們知道真相，但真相卻往往隱藏在事件的背後。在這個價值觀混淆的年代，我很懷疑有多少人知道自己想要些什麼。而更多的人被利益、權力等種種事物，搞的暈頭轉向，甚至因為這樣的緣故而有所偏頗的去選擇。能清楚理智的判斷是非的人，實在是太少了。有時候，我會覺得自己其實也不是很清楚自己想要些什麼，我也常常質疑自己的判斷力。所以，要清楚地了解自己，真的是一件很困難的事。就因為要了解自己太困難，所以才那麼多人堅持自己所謂的正義，而實際上只是為了保護自己，或是從中謀取利益。這世界之所以充滿了各說各話的狀況，也就是由此而出。那麼，我們如何得知真正的正義及真相呢？

接著，是李昂的〈北港香爐人人插〉那一篇文章。我一看到那一篇文章，差一點就把書丟到地上去。那時候我一直在質疑，為什麼老師會選錄這一篇文章呢？這一篇文章是在影射政治沒錯，但文學多少要有一些含蓄性。通篇充斥著一種無法言喻的鄙俗，這種文章只是在炒作而已，根本難登大雅之堂。但其實也是可以從這篇文章看出一件事情，臺灣的文學作家真的很勇敢，居然可以用那麼不入流的字眼，來完成一篇作品。就因為如此，所以這篇文章才會釀成一陣風波。看政治人物急得跳腳，也不失為一件有趣的事。而臺灣人真的被禁錮太久了吧！才會一看到這種文章，絲毫不論其文學價值，轟轟烈烈地買下了它。要怪，就怪臺灣的政治太不健康了。

臺灣文學為何不能蓬勃發展？主要原因就是意識形態主宰一切。在這個小小的島上，到底充斥著幾種的意識形態呢？大家都不停地說話，卻沒有人願意聽別人說，這是一個很可悲的事情。若是大家只是不停地為這種事情爭執，那怎麼可能有時間去從事文學創作呢？臺灣是有文學作品，但充其量不過是鬥爭下的產物罷了。大家每天打著筆仗，心中想的只是要藉著這種方式，徹徹底底的把對方擊垮。而更甚者，文學根本就淪為政治的副產品。臺灣有多少人是真的為了臺灣、為了文學而執筆的？大部分的人的文學作品中都摻雜著太多的政治觀，以至於他不能理智的判斷一切。泛政治化，是文學中要極力避免的。談政治可以，但不要讓偏見蒙蔽了一切。

上了一整個學期的課，其實我覺得還學到蠻多東西的。像我很少自己動手寫一份洋洋灑灑的報告，因此剛寫的時候，還真是痛苦！但回想上課的情形，還蠻有趣的啦！我最喜歡的就是，可以自由發言。我以前在課堂上是很剛毅木訥的，根本大氣不敢吭一聲。

不過，經過這一個學期的訓練，我覺得能把自己的想法說出來，真的是一件很幸福的事情。不過，我一直覺得很奇怪，為什麼作業一定要寫詩呢？是因為比較好改嗎？我對詩一直沒什麼研究，卻偏偏要不停地寫詩，真的快讓我抓狂了。寫詩，是需要很豐富的想像力和才氣，我自認為我沒多少，希望老師下一次改叫我們寫散文或小說吧！這樣我會比較勝任愉快的。經過這一個學期，我多多少少會寫一些不入流的詩了，不過，我的靈感也被榨乾了。總而言之，這一堂課是很自由的，內容也還蠻豐富的，我從中學到了不少文學的東西。

臺灣，是這麼的小，卻又充斥著這麼多的矛盾。和中國大陸剪不斷理還亂的關係，本身內部不停的鬥爭，在在都增加了這種痛苦。我們要如何衝破這樣的難關，實在是一件很難的事情。這樣的意識形態，甚至蔓延到了文學上。我們的文學特色在那裡？根本是無解！連我們自己都無法定義出一個臺灣文學的意義，更遑論其他。所以，臺灣的前途，想想，還真是令人憂心啊！還不如漱石枕流，從此不再過問，反倒落個清閒，但卻又拋捨不下。唉，陰雨霏霏的日子，何時會停呢？我張眼望去，只見盡是一片無邊無際的灰色。

結束孤單

陳茹涯

「頭顱換得自由身，始是人間一個人，生平此外無他顧，且自添衣更加飯……」，這是賴和所作〈飲酒〉詩中一節，「始是人間一個人，生平此外無他顧」的心情，可以說是基於回顧人存的立場，經由人的確認而產生維護人的尊嚴之心情，人間最寶貴的人本意識，我所相信的臺灣文學就如同這樣的心情一般，從最原始的認同開始，楊照曾說過：「場所就是存在的一部分，不應該被視為附加的，不重要的，生命的實感必須在場所的考慮中加以掌握。」我所知道的周慶華老師，和我所認知中老師的新詩，就是這樣的存在，無須加以誇飾，因它已有其存在本身的價值，擁有自己的思想，獨到的見解—對於臺灣這塊土地。

真空瓶中晶瑩的淚，留有昨夜殘存的餘溫，坐在電腦桌前的我，看著老師的詩作《未來世界》，想著臺灣文學這堂課，就像糖葫蘆一般，包著糖衣的李子，酸中帶甜，自己認為的臺灣文學，那是個不能徹底打破，卻又曖昧不清的年代，印象中埋藏的時間膠囊，記憶著我的無知與放肆，一個用框框和線條架構基本模式的黃昏事業，印象和抽象交織而成，一篇篇現實與寫實交錯的文章，老師的那枝筆，永遠帶有著一貫的色彩，像一瓶陳年的女兒紅，待春花綻放成熟光彩的那一天，才能開封，且不能一瓶子的醉，只能淺嚐，後勁之大，唯有飲水之人方知其冷暖。在我的感覺裡，有著琥珀色的甘醇，卻強烈的存在著血腥的味。看詩的人可慘啦，七行補，很特別的一種感覺，從頭一篇一直閱讀到這裡，好像有點被愚弄的感覺，又覺得頗有幾分道理，說不上那是什麼樣的體悟，接續的卷八，說的是夢，寫的是夢，南柯一夢，綺夢…夢夢…遺夢，接上那一句話，就覺得很不真實，未來世界該是如此狂妄地在進行，時間的巨輪在雁子剪不斷風的缺口中等待，我在尋找一顆最亮的星星，期待它冉冉升空，濃縮的文字，老師要表達的到底是什麼，是為臺灣文學擔憂的那一份心嗎？還是「樹立威望」，「耀武揚威」，又或是那個忘了天氣的下午，小小放縱的行雲流水，我在前幾首詩中瞧見，一種懷才不遇，等待伯樂的心，一種懂得自我欣賞，就像那隻不顧眾人游到對岸的蜻蜓，懂得自我調適，像明白生存之道的街頭藝人，隨遇而安，偶而的頹廢，但不至於喪志，可就是有一點點的落寞。卷三中的圖書館風暴，是在課堂上討論過的一首詩，記得那時黑板上，還有其他的詩作，但大家似乎都將目光結集到這首，寂靜中跳出一串帶血的音符，我要當飯桶，很勇敢，也很精采，相信人心中擁有二分之一，屬於惡魔的血統，將使壞的那部分隱藏，卻止不住念頭，啪啦，一聲快速的閃過腦海，但也僅於如此，沒再進一步的動作。老師習慣將無奈，訴諸於文字，一聲「醬」，即可引發無盡的難過，從這樣無情的被壓縮的那一刻開始…在天空的飛行物都要嚐嚐這樣黎明冰雪的滋味。老一輩的作家，對文字的敏感，對用字遣詞所需有的必備的深度，使得被流行的文字充滿罪惡，可在無奈的情緒中，老師的多方吸收，多方接受，正是走出臺灣文學窠臼的一大步。很艱難，因為認同的聲浪小的看不見，但總得有人走。

上了一學期的臺灣文學，那是堂自由中帶有待宰的課，習慣了老師的現代與非現代組合針對各種時代寫作風格的講解，我總是隨意地坐著，似有若無地聽著，但我是認真的在收集我腦海中欠缺的沙，在老師那個年代，我觸碰不到的文學，學著聽，學著寫，學著明白的認真，學著無意識的慵懶，那是堂太陽溫度剛剛好，風不大不小，輕柔吹送的課，自然很好，我們的臺灣文學也很好，慢慢的加溫，期待它的沸騰，我說過在那個多情的午後，坐在課桌前，聽著老師的文學，聽著紙筆摩擦的聲音，時間就像一潭死水，不動，卻意識的流竄我的四周。我們談論的是屬於另一個臺灣文學的殿堂，可以狂妄，可以驕矜，當然復古也沒有人想反對，只是我們已不隸屬於那個已然陳舊的年代。一個同樣的人，坐在固定的位子上，想到就有點膽戰心驚，想起每次課堂上討論的文學話題，現實的，超現實的，結構主義，解構主義，老師說：「臺灣文學猶如海納百川，也像土地之默默承受，不加排斥，而臺灣文學作品卻多半具有空洞化和工具化兩個特質，不少有潛力的作家，將自已畢生的精力，用在虛擲光陰上。」在我眼中老師的作品，很真實，赤裸裸地說明白，老師的臺灣文學，也許並沒有，也許這些作品只是老師的面具，但上了課，再比照老師的文章風格，給我的感覺就是如此。我在討論中，緩慢的建構，不在黑框白線的文學，我想為那杯苦澀的咖啡，加點溫，或是肉桂的香，亦或來點發泡的奶油，它會更香醇，而不再令人吐舌。

一只透明的玻璃杯，有著無限害怕受傷的我，佇立在黝黑詭譎的森林，期待有一隻援手，拉我一把，給我條明路，我想突破，鯨魚悄悄地從我耳邊游走，午後的我，學會金雞獨立地看書，和自己的影子玩樹洞遊戲，幼稚中有純真。因為我在做我自己，看似簡單的一句話，做起來好難，難到裝堅強都笑不出來。躲在玻璃瓶中，盛開的向日葵，緊緊包圍住我，遮去今夏最後一絲陽光，舉著燭火，我也要來尋找屬於我的臺灣文學，不再將自己關在荒蕪裡。登上摩天大樓，演一齣小丑鬧劇，逼自己笑一笑，也許烏雲很快就會散盡，也許老天會看見你。

心潮

楊燕山

終其一生
每個寶箱都只能擁有一只開啟它的鑰匙
期待全數打開是一種驕縱的奢求
遇不到對的鑰匙　門扉只好緊緊地掩閉
在流瀉而下的沙粒裡守住一輩子的承諾

也許等了千載萬世　尋遍萬壑千山……望穿秋水後……
結果留下的　僅有孑然一身的荒蕪
無聲無息
從蕭瑟的夜空飄過　悲劇性地自我放逐……

直到有天　當發現自己可以把信任「放心」地掛在天秤的另一端時
那一刻擁有的歡笑

才是真正的「幸福」…………

一學期的學習終也走到了尾聲，不能免俗地，得來發抒一下自己的感想，為一切劃下一個完美的句點……

在這座文學的殿堂裡，還是再重申一次其中的申明：自己是個有點蹩腳的貨色！在學術的批判探討上，其實自己是不足有能力去多所置喙的，探究這方面的領域，只是更突顯本身的渺小而已，沒有辦法透徹地剖析。看著他人臉上侃侃而談的自信神色，方了解自己的才疏學淺，既然不能大唱知性的聲調，所以，只好把重心放在「寫作」這個主題上囉！

也許是內心充實不足，也或許是心理自大的因子作祟吧！所以常會容不了身邊另一種聲音的存在，在不能細心聆聽的時候，只好甘於當個默默無聲的聾子，把浮現在那純水色琉璃瓶的腦海裡的片段捏塑成一座座雕像，將稜角拓印在泛黃的紙頁上，以誠意封緘，烙下一個名為「永恆」的標記！……「寫作」，在無形之中，已在我思維的世界裡激起了陣陣漣漪，並逐漸形成一個我已經習以為常的行為模式，開始變的習慣向白紙傾訴心中那道暗湧的伏流，以文字代替影像，收藏一路走來的血淚心酸。對我而言，它儼然成了我一個排遣寂寞不可或缺的活動。還記得老師曾經說過的一句話：「上這節課之前，最大的目的很簡單，就是希望大家都能了解到，此刻在你心裡所具有的觀念，在經過一連串的課程之後，每個人都能再次找到新的改變和體驗。那就夠了……」現在，偶而還是會想起這句話，儘管已經記的不清楚了，但在我心裡，始終存在著那麼一個印象。不清楚別人察不察覺到我自己的轉變，但就我自己而言，現在的我，的確跟之前的我不同了。也許還是一樣地迷糊、一樣地不知所云、一樣地平庸無奇，但是，在內心裡，卻有一股揮灑的熱情醞釀著！是的，它重新喚回了我對寫作的那份喜愛與依賴！……也藉由透過不同形式的認知和解構，延展了我思維的廣度和深度，在揮灑出去的痕跡裡，增添了更多繽紛的色彩！每個主題的發揮，對我而言，雖然是種折磨，卻也是種情緒的交卸。每當苦思不得的時候，它便是我轉嫁情緒的對象，自然而然，原本的寫作也就由難變易，更甚之，這樣的寫作方式為我帶來了更多樂趣！

臺灣文學，鎖著一群不安靜的靈魂，洋溢著不平凡的情思。講課的人有心，題材的伸縮性及涉獵的深淺度有著相當大的幅度：古典與現代互見、理論與思辯互容、知性與感性並行；溫和中帶尖銳、平順中見極端、卻也在冷淡中現熱情……殷勤授課的背後，總是讓人可以感受到其對文學的執著與熱情。一直有個感覺，對於文學，老師總有著超凡卓越、捨我其誰的堅持，堅定帶著一股狂蕩的激進，也許不是種使命感，但卻散發出了更為精進、旺盛的活力。這本《未來世界》裡，呈現出為文之人卓越雋永的氣息，以「栓不住一顆被壓扁的心閑時寂靜地躍動」展開序幕；在眾說紛紜、變幻喧鬧的世界，一隻蜻蜓早已游到對岸，散發出一股剽悍的積極，在短短的詩句雜揉著哲理與禪趣：「邂逅了一顆等候兩百年的彗星，旋即飢渴似地離別」明顯的反差更饒富玩味的樂趣。文學家的廣博多聞不在形式的軀體上活著，迸射出一波又一波的驚濤駭浪，幾番風雨過後，並沒有忘記苦難的掙扎，依舊默默地執拿著一柄銳利的刀，揮舞雙手開出一條道路。在「後現代」的層層簾幕裡，慢慢撥雲見日……語教人的能靜能動、好友的知心相伴，包圍在雙親的溫情氛圍中……越摸越明的人發出誠懇的會心一笑，欲罷不能……看完還請記得倒帶，重溫一次觸發的喜悅！言盡而意無窮，不禁讓人回味再三，駐足停留……

這一端的故事已然告一段落
另一端的故事悄悄搬上臺……
慢半拍的人還在拼命擠壓殘存的記憶
搶先一步的人早已翹著腿　　沐浴在晴朗的陽光下
故事　　還沒完呢……………

喜怒哀樂

簡郁芩

這學期的臺灣文學課收穫頗多，從「臺灣文學」界義複雜性的了解，意識形態的介入，思考未來發展方向之外，還認識了各類主義，如「寫實主義」、「現代主義」、「後現代主義」等。學期初就探討怎樣的文學作品或作家可以納入「臺灣文學」的陣營，而臺灣文學是如何發展出來的，還存有「中國文學」的影子嗎？它是一個獨立的學，或是大傳統文學裡的一部分，這些都有深入的探討。

我比較有興趣的部分在各類型作品分析及創作部分，比如跨文類的現象，像是以散文入詩。欣賞同學的作品，發覺有情思綿密，有一種淡鬱無奈的愁悵風格；也有「頹廢派」的風格，常深入人性的幽微之處，墮落、神秘、瘋狂的情緒，全都在文中沉潛或嘶吼……。課堂討論的講義中有部分是「鄉土味」的，比如林宗源〈滴落去我心內的汗〉。用閩南語的語法寫成，此文表面上說都市是個龍蛇混雜之地，鄉土是救贖和自由，但從另一層面看來，此年輕人亦想到城市發展、開拓，只是鄉土和父母的期望是重重枷鎖……。老師的《未來世界》也有一些閩南語詩，我想方言和語言背後的地域性有很密切的關係，這樣的手法更能表現對鄉土的情感。還有一些反映現實的作品，滿懷社會改革的熱情，筆下也顯出無奈的表情，如阿盛〈廁所的故事〉。作者由他貧窮的童年時代挖掘素材，描寫農家最常見的家居模式，反應生活的現實，且是貧苦人家的悲歡歲月。讀了這一些作品之後，一股沉重的感覺湧上心頭，真心流露的文章裡可見其生活的歷史，那些窮苦人家們在社會的底層被踐踏，感嘆富與貧在生活層次上真是有天壤之別！又如賴和〈一桿稱仔〉。完整的呈現家鄉的生活形態，隱藏著愛鄉衛鄉的決志，也對其生活的鄉土有生動的描繪，各樣的面孔都表現的生鮮活跳。此篇描寫出當時殖民和被殖民的對立。當時的文化特徵是語言的破碎性。從中國白話文、鄉土文學論爭到臺灣文學論爭，這是一項挑戰。

再如余光中〈鄉愁四韻〉。我覺得此詩有傳統的深度與秀美，而且懷鄉素材的情感表露能激盪讀者熱烈的情感。又如鄭愁予〈錯誤〉。鄭愁予是柔性詩人，此詩有「田園模式」的懷思，像是「青石」、「小城」等等，也是傳統詩情的表現。這首詩在高中課本就探討過，是首閨怨詩，我覺得很美，而且善於形象的描繪。其中，「東風」與「柳絮」之古典因「不來」、「不飛」的句型變化而顯得新奇。且最後兩句和前一段空一行以作停頓、轉折，最後開窗，心跳沒有寫出，留給讀者一種枉然的感覺……。另外如李昂〈北港香爐人人插〉。我覺得她寫的太露骨了，這種性愛描繪的方式和以往有了重大的變革，許多性愛的名詞都直接裸裎在文中，這樣直率的語言我覺得偏離了文學的藝術性。我個人並不欣賞這樣的風格。不過倒是想到娼妓的問題，那些從事這種行業的人，內心究竟是怎樣的感受？

此外，課堂所討論的詩大都有象徵的味道，精緻的、複雜的、充滿意義的味道，表現了微妙的思想。而且我覺得這類詩作的特色大部分都有唯美傾向，且主題也不再那麼嚴肅，不直接寫實或具體陳述，有一令種人惑媚的感覺，有絃外之音吧！又如詹冰〈Affair〉，這種符號詩很特別，我滿喜歡的。對於這類自由語的創造與應用，比如有擬聲詞、數學數字、歪斜顛倒字形等，這除了視覺效果不同於一般常見之作，解讀的方式也不同，意涵更深了

老師的《未來世界》給我的感覺是有點身處在紛擾的紅塵裡，卻冷眼看人生的感覺。看得出老師的《未來世界》應該是知識、閱讀量、生活體驗又一次倍增後的作品吧！因為我覺得書的類型、數量看得更多之後，會引起創作結構性之變化，也不斷地顛覆、創新！另外，也覺得《未來世界》裡的詩作有「求取絕對自由」的感覺，不受限於制約，比如有出人意料的鮮活意境、不凡的奇想……。如卷十，把所要強調的意思一個字一個字排成一直線，這樣打破傳統的寫作自由，看得出老師創新的氣魄！其中的一些閩南語詩很有味道，很能貼切表現情意。最後幾首形式、排列特殊的詩中，如〈網路世界〉、〈生化科技〉，我覺得現今的挑戰是新興電子媒介所帶來的衝擊，不過我認為紙上的文學作品雖會受到電子書的衝擊，但並不會死亡，況且文學藝術、技巧也不斷地推陳出新，最可貴的一點就在「創造」！這本《未來世界》有細膩的抒情之作、親切的方言之作、超現實的跨時空之作……，我覺得也夾雜了一些個人經歷的心歷路程所隱隱約約感受到「出世」——「入世」之間的矛盾……。

接下來就是創作的心歷路程。當一個人被逼迫去做不想做的事，他應會有一個反應：抗拒。這就是我剛上臺灣文學課，面對作業，卻腸枯搜索時的心態。但，漸漸地，愛上了這樣自得又痛苦的創作感覺。

腦袋中，常像戰場，當狼煙連接天與地，鑼鼓響徹雲霄，在一片鎧甲摩擦聲中，告一段落，一篇作品就產生了。而另一個迥然不同的心境，是在閱讀臺灣文學作品時，和自己的心靈相呼應，那種性靈不由自主明淨起來的感覺。在「臺灣文學」道貌岸然的神情以及樸素的穿著之下，它有著熱情的內心，平易近人的特質，也有抒情或是冷嘲熱諷文章，全部交織在我胸中。我盡情遨遊在此多采多姿的天地中，找到了我所期待的，所熱愛的，以及所缺乏的……。

大學之前的創作總要以樂觀積極為全篇的風格，但很多時候，人的內心會疲憊、會悲傷……，但並非是無病呻吟。直到大學，可以自由創作，喜怒哀樂，全都能是創作的主軸、風格。欣賞了作家以及學長姐、同學的作品後，才發覺原來人的體內，都有一股「狼性」以及「人性」，並非只有自己是這樣的孤獨者，而人性和狼性會不停的鬥爭，在潛意識中，使人產生內心的痛苦與矛盾。

現在，在創作過程，我有一種「和自己同在一起」的感覺，以及享受赤裸裸的自己伴著閱讀臺灣文學作品的樂趣！